KB026182

쉽게 배우는 이기찬 최신 무역실무

현장에서 꼭 필요한 국제무역 지침서

쉽게 배우는 이기찬
최신 무역실무

이기찬(이기찬무역연구소) 지음

중앙경제평론사

이제야 무거운 짐을 내려놓는 심정이다. 그동안 무역을 주제로 여러 권의 책을 썼지만 항상 숙제를 끝내지 못한 학생처럼 마음이 무거웠다. 더 늦기 전에 제대로 된 무역실무 교재를 써야 한다는 나 자신에 대한 압박감을 떨쳐버릴 수가 없었다.

시중에는 이미 수많은 무역실무서가 나와 있으나 교재로 추천하기에는 무언가 부족해보였다. 실무경험이 없는 학자들이 쓴 책은 실무에서 활용하기에는 지나치게 어렵고 이론적이었으며 실무자들이 쓴 책은 교재로 사용하기에는 상대적으로 가벼워보였다.

나는 종합상사에서 처음 무역에 입문한 이래 현재까지 무역현장에서 일하고 있으며 수많은 해외거래처를 상대로 다양한 형태의 무역거래를 직접 경험한 바 있다. 뿐만 아니라 겸임교수로서 대학교는 물론 국내 유수의 기업체와 기관에서 수많은 사람들을 대상으로 무역실무 전반을 강의하고 있다.

이제까지 나에게 무역을 배운 사람들은 전국 각지의 대학생, 기업체 임

직원, 금융인, 공무원을 비롯하여 농사를 짓거나 도자기를 굽는 분들까지 그야말로 각계각층의 인사들이 망라되어 있다. 그동안 나의 강의안은 수없이 많은 수정과 보완작업을 걸쳐서 지속적으로 업그레이드되었다.

이 책은 그동안의 실전경험과 강의경험을 집대성해서 이론과 실무가 조화된 최고의 무역실무 교재를 만들겠다는 당찬 각오를 가지고 쓴 책이다. 이 책은 형식이나 내용면에서 기존에 출간된 무역실무서와는 확실한 차별성을 가지고 있다. 그중 일부를 소개하면 다음과 같다.

첫째, 실무에 적용하기 쉽도록 하였다. 무역실무의 전반적인 내용을 실제로 무역거래가 이루어지는 순서에 따라 단계적으로 설명함으로써 보다 쉽게 실무를 이해할 수 있도록 하였다. 또한 단순히 무역용어와 거래절차를 나열하는 데 그치지 않고 실무에서 무엇이 중요하고 어떻게 적용되는지를 풀어서 설명함으로써 실무 적용 능력을 키우는 데 만전을 기했다.

둘째, 이해하기 쉽도록 하였다. 살물(撒物)이나 화인(貨印)과 같이 사전에도 나오지 않는 국적불명의 이해하기 힘든 용어의 사용을 배제하고 박사논문에나 어울릴만한 장황한 설명을 자제함으로서 읽고 이해하는데 불편함이 없도록 하였다. 또한 주제별로 다양한 도표, 서식들을 포함시켜서 좀 더 쉽게 관련내용을 이해할 수 있도록 하였으며, 초보자들이 이해하기 힘든 내용에 대해서는 보충설명과 도움말을 추가하여 이해를 돕도록 하였다.

셋째, 내용을 보강하였다. 2020년 1월 1일부터 발효된 인코텀즈 2020을 비롯하여 2007년에 개정된 신용장 통일규칙과 2005년 3월 1일부터 우리나라에서 발효된 비엔나협약을 심도 있게 다룸으로써 실무적으로 활용하는 데 부족함이 없도록 하였다. 또한 일반적인 무역거래와는 다른 방식으로 진행되는 위탁가공무역과 중계무역, 비공산품무역거래의 절차와 실무를 별도의 장에서 따로 설명함으로써 관련업무시 효율적으로 활용할 수 있도록 하였다.

이 책은 대학교나 기업체 또는 관련기관에서 교재로 사용하는 것은 물론이고 혼자서 무역실무를 공부하는데도 부족함이 없도록 구성되었다. 또한 국제무역사, 무역영어, CDCS, CITF 등과 같은 무역관련 시험 응시자들이 기출문제집을 풀기 전에 무역실무의 전반적인 내용을 정리함으로써 효율적으로 시험에 대비할 수 있도록 하였다.

이 책이 출판되기까지 애써주신 중앙경제평론사 김용주 대표님과 직원들, 그밖에 이 책의 출판과 배포에 직간접적으로 기여해주신 모든 분들에게 감사의 말씀을 전한다.

이 책이 《수학의 정석》이나 《성문종합영어》와 같이 오랫동안 사랑을 받으며 무역초보자들에게 길잡이 역할을 해주길 기대한다.

저자 이기찬

차례

14장   비엔나협약

15장   특수무역거래의 절차와 실무

무역의 개요

1장

무역의 개요

무역의 정의와 종류 | 무역관련 업종 및 창업절차 | 무역관련 법규와 규범
수출입의 관리 | 전자무역 | 무역업무의 흐름과 수출입절차

무역의 정의와 종류

1. 무역의 정의

무역이란 서로 다른 나라에서 사업을 운영하는 개인이나 기업 간에 물품 또는 서비스를 사고파는 것이다. 외국 사람이나 기업과의 거래라도 같은 나라 안에서 이루어지는 거래는 무역거래라고 할 수 없으며, 반대로 같은 나라 사람이나 기업과의 거래라도 서로 다른 나라에서 이루어지는 거래는 무역거래에 포함된다.

국내거래(domestic trade)와 비교했을 때 무역거래(international trade)의 가장 큰 특징은 물품이 국경을 넘어서 이동한다는 것이며, 물품이 국경을 넘어서 이동하기 위해서는 반드시 통관절차를 거쳐야 한다. 통관절차의 유무야말로 국내거래와 무역거래를 구분할 수 있는 가장 큰 차이라고 할 수 있다.

또한 육상운송이 주가 되는 국내거래와는 달리 무역거래에서는 주로 해상운송이나 항공운송을 통해서 물품이 운송되며, 장거리운송에 따르는 사고에 대비하기 위해서 적하보험을 들어야 한다.

무역의 대상은 유형의 상품뿐만 아니라 형체가 없는 소프트웨어, 문화콘텐츠(영화, 게임, 애니메이션, 만화, 캐릭터 등) 및 서비스, 자본, 노동, 기술 등을 포함한다.

2. 무역의 종류

일반적인 무역거래는 자기나라에서 만든 물품을 외국에 수출하거나 외국에서 만든 물품을 수입하고 물품대금을 주고받는 형태로 이루어진다. 하지만 국제무역환경의 변화와 국가별 임금차이, 수출입업체 간의 이해관계에 따라 다음과 같이 다양한 형태로도 무역거래가 이루어진다.

1) 위탁가공무역과 수탁가공무역

외국의 가공업체에게 물품을 제조하는 데 필요한 원부자재를 공급해주고 물품을 가공토록 한 다음 가공한 물품을 자국으로 들여오거나 현지에서 제3국으로 수출하는 거래형태를 뜻한다. 가공을 위탁받은 업체의 입장에서 보면 수탁가공무역이 된다.

위탁가공무역은 주로 자국의 인건비 상승에 따른 가격경쟁력의 약화를 해결하기 위한 방편으로 사용하지만 외국의 특수가공기술을 활용할 목적으로 사용되기도 한다.

우리나라에서는 섬유, 신발 및 일부 전자산업과 같은 노동집약적 사양산업에서 중국, 베트남, 인도네시아, 스리랑카 등지의 저렴한 노동력을 활용함으로써 수출경쟁력을 높이기 위한 방편으로 많이 활용하고 있다.

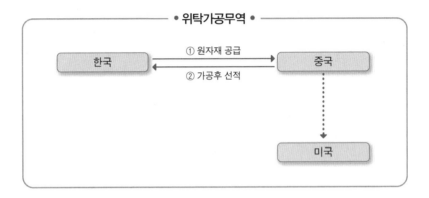

2) 중계무역

수출물품을 국내가 아닌 외국에서 조달하여 제3국으로 수출하는 거래형태를 뜻한다. 중계무역상은 외국의 공급업체 및 수입업체와 각각 별도의 계약을 체결해야 하며 물품은 공급업체에서 수입업체로 직접 보내게 할 수도 있고 중계국을 경유해서 보낼 수도 있다.

중계무역은 자국의 수출경쟁력이 낮거나 공급능력이 모자랄 때 외국에서 물품을 조달함으로써 자국의 공급여건과 상관없이 해외시장을 관리할 수 있는 방편으로 활용할 수 있다. 이 때 수출대금에서 공급자에게 지급한 물품대금을 뺀 차액을 중계차익이라고 하고, 우리나라에서는 이 중계차익만을 수출실적으로 인정한다.

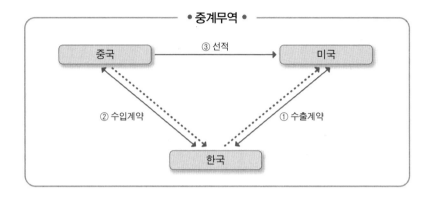

3) 중개무역

　외국업체 간의 무역거래를 알선해주고 중개수수료를 받는 형태의 거래를 뜻한다. 중개무역상은 계약의 당사자가 아니며 외국의 수출업체와 수입업체가 계약의 당사자로서 계약체결에서 물품선적, 대금결제까지의 무역거래의 전 과정을 직접 처리한다.

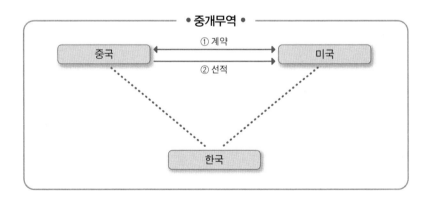

4) 외국인도수출

수출자가 외국에서 물품을 인도하고 물품대금은 국내에서 영수하는 형태의 거래를 뜻한다. 예를 들어 해외건설현장에서 사용하던 기자재를 국내로 들여오지 않고 현지에서 인도하거나, 원양어선이 해외에서 채취한 수산물을 현지에서 인도하는 경우가 외국인도수출에 해당한다.

또한 위탁가공무역방식에 의해 해외의 가공업체에서 가공한 물건을 현지에서 제3국으로 수출하는 것도 외국인도수출이라고 할 수 있다.

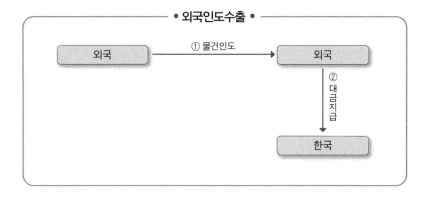

5) 외국인수수입

수입자가 물품대금을 국내에서 지급하지만 물품을 국내로 들여오지 않고 외국에서 인수하는 형태의 거래를 뜻한다. 예를 들어 해외건설현장에서 필요한 기자재를 국내를 거치지 않고 바로 현장에서 인수하는 경우가 외국인수수입에 해당한다.

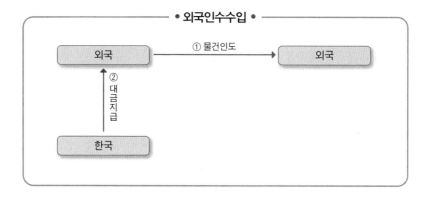

・외국인수수입・

외국 ──① 물건인도──▶ 외국

② 대금지급

한국

6) 연계무역

동일한 거래당사자 간에 수출과 수입을 연계시키는 무역을 뜻하며 물품대금결제의 유무 및 계약방식 등에 따라 물물교환, 구상무역, 대응구매, 제품환매 등으로 나누어진다.

① 물물교환(Barter Trade)

서로 물품대금을 지급하지 않고 물품을 1대1로 주고받는 거래방식이다.

② 구상무역(Compensation Trade)

수출입 대금의 일부 또는 전부를 상응하는 수입 또는 수출로 상계시키는 방식이다. 일반적으로 하나의 계약에 의해서 수출입거래가 이루어지며, Back to Back L/C, Tomas L/C, Escrow L/C와 같은 특수신용상을 이용해서 상계방식으로 대금결제가 이루어진다.

③ 대응구매(Counter Purchase)

수출액의 일정비율에 해당하는 물품을 대응 수입하겠다는 계약을 체결하고 수출하는 방식이다. 하나의 계약에 의해 수출입거래가 이루어지는 구상무역과 달리 수출과 수입이 거래내용상으로는 상호 연계되어 있으나 형식상으로는 각각 수출계약 및 대응구매계약이라는 별개의 계약에 의해서 거래가 이루어진다.

④ 제품환매(Buy Back)

플랜트나 기술을 해당 플랜트나 기술로 생산되는 제품을 수입하는 조건으로 수출하는 방식으로 저개발국에 대한 산업협력차원에서 이루어진다.

연계무역은 외화가 부족하거나 완제품 생산능력이 떨어지는 저개발국과의 교역을 활성화시키기 위한 방편으로 활용되는 무역거래방식이다.

7) 위탁판매수출과 수탁판매수입

수출자가 소유권을 이전하지 않고 물품을 수출한 후 물품이 판매된 범위 내에서만 대금을 영수하고, 판매하고 남은 물량은 수출자에게 반송하거나 제3자에게 판매하는 방식의 거래를 뜻한다. 위와 같은 거래를 수출자의 입장에서 보면 위탁판매수출이 되고 수입자의 입장에서 보면 수탁판매수입이 된다.

수출자가 자금부담 및 판매에 따르는 위험을 부담해야 하므로 본지사

간의 거래나 신규 해외시장 개척시 제한적으로 활용하는 거래방식이다.

8) 임대수출과 임차수입

임대차계약을 체결하고 수출하거나 수입한 고가의 생산설비나 의료장비 등을 임대차계약이 종료된 후 재수입 또는 재수출하거나, 임대차계약 기간 종료 전 또는 종료 후에 소유권을 이전하는 거래방식을 뜻한다.

9) 보세창고도거래

보세창고도거래(BWT; bonded warehouse transaction)란 수출자가 자신의 위험과 비용으로 수입국의 보세창고에 물품을 입고시키고 수입통관절차를 밟지 않은 상태에서 현지에서 판매하는 거래방식이다.

10) OEM방식

OEM(original equipment manufacturing)방식이란 주문자가 지정한 상표를 부착하여 물품을 생산해서 공급하는 방식이다.

11) ODM방식

ODM(original development manufacturing)방식이란 제조업자개발생산 또는 제조업자설계생산(original design manufacturing)이라고도 하며, 제조업자가 자체 개발한 기술을 바탕으로 물건을 생산하여 주문자에게 공급하는 방식이다.

OEM은 주문자가 제공하는 설계도에 따라 생산하는 단순하청방식인데

비하여 ODM은 주문자는 제품의 컨셉만 제공하고 제조업자가 자신의 제조노하우 및 기술을 활용하여 상품기획에서부터 개발, 생산, 품질관리에 이르기까지 전 과정을 독자적으로 처리하는 방식이다.

위탁가공무역과 중계무역의 차이

위탁가공무역은 위탁자가 제품기획 및 디자인, 원자재공급 등을 주도하고 단순가공작업만을 수탁자에게 맡기는 반면 중계무역은 중계무역상이 물품의 제조과정에 일체 간섭하지 않고 외국의 제조업체에서 자체적으로 생산한 완제품 또는 원자재를 구입해서 제3국으로 수출하는 것을 뜻한다.

중계무역과 중개무역의 차이

중계무역은 중계무역상이 외국의 공급자, 수입자와 각각 별도의 계약을 체결하고 거래를 주도하는 반면에, 중개무역은 중개무역상의 역할이 단순히 외국의 수출자와 수입자를 연결해주거나 어느 한 쪽의 에이전트로서 활동하는 것에 국한되며 수출입계약 및 실제 거래는 외국의 수출자와 수입자 간에 직접 이루어진다.

중계무역과 외국인도수출의 차이

중계무역과 외국인도수출은 물품이 외국에서 외국으로 이동한다는 점에서는 같지만, 중계무역은 수입, 수출 2건의 거래가 발생하고, 외국인도수출은 수출거래만 발생한다는 점이 다르다. 또한 외국인도수출의 경우에는 물품대금조로 외국환은행에 입금되는 입금액 전액에 대해서 수출실적을 인정해 주지만 중계무역의 경우에는 수출금액에서 수입금액을 뺀 가득액에 대해서만 수출실적으로 인정받을 수 있다.

중계무역상을 통해서 거래하는 이유

중계무역상을 통해서 거래를 하는 이유는 여러 가지가 있다. 우선 수출자와 수입자가 서로 상대방에 대한 정보가 없어서 중계무역상을 통해서 거래를 하는 경우다. 이런 경우는 장기적으로 중계무역상을 배제하고 직접 거래에 나설 가능성이 높다.

본격적인 중계무역은 중계무역항을 통해서 이루어진다. 관세가 부과되지 않고 물류비가 절감되는 자유무역항을 통해서 거래가 이루어짐으로써 당사자 간에 직접 거래하는 것보다 경쟁력이 있기 때문이다. 이와 같은 중계무역이 활발하게 이루어지는 중계무역국가로는 유럽의 네덜란드와 벨기에, 동남아시아의 홍콩과 싱가포르, 중남미의 파나마, 중동의 두바이 등이 있다.

마지막으로 수출업체나 수입업체의 입장에서 중계무역상을 통해서 거래를 하는 것이 거래의 안전성을 확보할 수 있을 때도 중계무역이 성립된다. 예를 들어, 수입자의 입장에서 수출자와 직접 거래를 하게 되면 품질도 믿을 수 없고 선적이 제 때 이루어진다는 보장이 없거나, 수출자의 입장에서 수입자의 신용을 믿을 수 없는 경우 믿을 수 있는 중계무역상을 통해서 거래를 함으로써 거래의 안전을 도모할 수 있기 때문이다.

현재 우리나라의 중계무역상을 통해서 이루어지는 중계무역의 대부분은 마지막 경우에 해당된다.

중개무역상을 개입시키는 이유

애초에 수출업체와 수입업체가 서로 상대방에 대한 정보가 없을 때 중개무역상의 개입에 의해서 거래를 성사시킬 수 있다. 하지만 이런 방식의 중개무역은 오래 지속될 수 없다. 첫 거래를 통해서 서로 상대방에 대한 정보를 알게 된 수출업체와 수입업체가 다음 오더부터 중개무역상을 배제할 가능성이 높기 때문이다.

지속적인 중개무역이 이루어지려면 중개무역상이 수출업체 또는 수입업체의 에이전트로서 시장정보제공, 오더협상, 사후관리 등의 역할을 수행해야 한다. 미국이나 유럽의 수출입업제들이 홍콩이나 싱가포르의 중개무역상을 동남아시아 시장 전체를 담당하는 에이전트로 활용하는 경우가 이에 해당된다.

무역관련 업종 및 창업절차

1. 무역관련 업종

우리나라의 무역관련 업종으로는 무역업, 무역대리업, 무역대행업 등이 있으며 업종별 구분은 다음과 같다.

1) 무역업

무역업이란 자신이 무역계약의 주체가 되어서 직접 물품을 수출하거나 수입하는 업종을 뜻한다.

2) 무역대리업

무역대리업이란 외국의 무역업자의 대리인(agent) 역할을 수행하는 업종을 뜻하며, 누구의 대리인이냐에 따라 오퍼상과 바잉에이전트(buying agent) 로 나누어진다.

오퍼상은 외국의 수출업자의 대리인으로서 외국의 수출업자를 대신하여 시장정보수집, 수요처개발, 오더협상 및 사후관리 등의 역할을 수행하며, 바잉에이전트는 외국의 수입업자의 대리인으로서 외국의 수입업자를 대신하여 공급업체개발, 오더협상, 품질검사 및 사후관리 등의 역할을 수행한다.

오퍼상의 어원

오퍼상의 공식명칭은 물품매도확약서 발행업자이다. 여기서 물품매도확약서란 수출자가 수입자 앞으로 발행하는 offer sheet를 뜻하며, 물품매도확약서 발행업자란 외국의 수출업자의 대리인으로서 외국의 수출업자를 대신해서 수입업자에게 offer sheet를 발행하는 자라는 뜻으로 해석할 수 있다.

3) 무역대행업

무역대행업이란 무역대행계약을 체결하고 실제 수출자 또는 수입자를 대신하여 수출입 업무를 처리해주는 업종을 뜻한다. 실제 수출자나 수입자가 무역경험이 없거나 은행의 거래한도가 부족한 경우에 무역대행업자가 자기 명의로 수출입거래를 진행하고 무역대행계약에 의거 대행수수료를 지급 받는다.

2. 무역업 창업절차

무역업을 창업하려면 사업장을 관할하는 세무서에 사업자등록을 하고 한국무역협회로부터 무역업고유번호를 부여받으면 된다.

사업자등록은 법인 또는 개인으로 할 수 있으며 업태는 도매, 종목은 무역으로 한다. 무역업고유번호는 한국무역협회 본지부에 사업자등록증과 함께 신청서를 제출하면 부여받을 수 있으며, 수출입 통관시 작성하는 수출입신고서에 무역업고유번호를 기재함으로써 수출입실적을 인정받을 수 있다.

사업자등록을 한 사업자는 매분기 또는 반기별로 부가세 신고를 하고, 1년에 한 번씩 법인사업자는 법인세, 개인사업자는 종합소득세 신고를 해야 한다. 신고 요령 등 세무와 관련한 보다 자세한 내용은 국세청 웹사이트(www.nts.go.kr)에서 확인할 수 있다.

무역관련 법규와 규범

1. 무역관련 국내법규

무역거래와 관련한 국내법규로는 대외무역법, 외국환거래법, 관세법

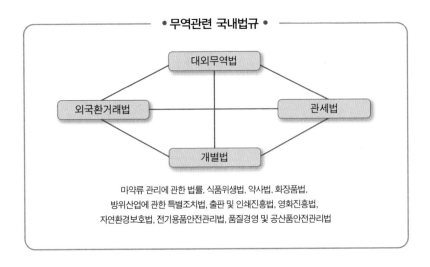

등이 있으며 이들 세 가지 법을 무역관련 3대 법규라고 한다. 무역거래는 이와 같은 3대 법규 외에도 품목별로 관련 개별법의 적용을 받으며 이들 법규의 구체적인 내용은 다음과 같다.

1) 대외무역법

수출입거래를 관리하는 기본법으로서, 대외무역을 진흥하고 공정한 거래질서를 확립하여 국제수지의 균형과 통상의 확대를 도모함으로써 국민경제의 발전에 이바지함을 목적으로 한다. 무역업고유번호의 부여, 수출입공고 및 통합공고, 원산지기준 및 판정, 특정거래형태의 수출입인정, 산업설비수출, 수출입질서유지 등과 같은 내용을 담고 있으며 대외무역법시행령 및 대외무역관리규정과 같은 하위 법령을 두고 있다.

2) 외국환거래법

외국환거래를 적절하게 관리함으로써 대외거래를 원활하게 하고 국제수지의 균형, 통화가치의 안정 및 외화자금의 효율적 운영을 도모하기 위한 법으로서 외환거래법시행령 및 외환관리규정을 하위 법령으로 두고 있다.

3) 관세법

수출입물품의 통관과 관세의 부과 및 징수를 총괄하는 법으로서 수출입물품의 통관을 적절하게 하고 관세수입을 확보함으로써 국민경제의 발전을 도모하는 것을 목적으로 하고 있으며 관세법시행령을 하위 법령으로 두고 있다.

4) 개별법

개별법이란 무역과 직접적인 관련이 없는 법이지만 무역거래를 규제할 수 있는 법을 뜻한다. 예를 들어 식품위생법, 약사법, 화장품법 등은 무역과 직접적인 관련이 없는 법이지만 식품이나 약품, 화장품 등을 수입할 때는 각각 해당 개별법의 적용을 받게 된다. 무역거래를 규제할 수 있는 개별법으로는 이밖에도 전기용품안전관리법, 가축전염병예방법, 마약류관리에 관한 법률, 방위산업에 관한 특별조치법, 자연환경보호법 등 모두 50여 개의 법이 있으며 국민보건 및 안전보호, 사회질서유지, 환경보호, 문화재보호, 규격확인 등의 목적으로 무역거래를 규제한다.

대외무역법, 외국환거래법, 관세법과 같은 법령은 내용도 방대하고, 각자의 거래형태나 내용에 따라 해당되지 않는 규정을 다수 포함하고 있으며, 수시로 개정되기 때문에 모든 내용을 완벽하게 파악하려고 애쓰기보다는 그 때 그 때 자신에게 필요한 내용을 확인하는 것이 바람직하다. 개별법의 경우에는 품목별로 수출입을 규제하는 내용을 담고 있으므로 자신이 취급할 품목이 정해지면 통합공고에 포함된 품목별수출입요령을 통해서 개별법이 적용되는지 여부를 확인해야 한다.

2. 무역관련 국제규범

무역계약에 적용하는 주요 국제규범으로는 국제상업회의소

(International Chamber of Commerce; ICC)에서 제정한 INCOTERMS와 신용장통일규칙, 유엔에서 제정한 뉴욕협약과 비엔나협약 등이 있으며 주요 내용은 다음과 같다.

1) INCOTERMS

국제상업회의소(ICC)에서 제정한 정형거래조건 해석을 위한 국제규칙 (International Rules for the Interpretation of Trade Terms)으로서 11가지 정형거래조건별로 매도인과 매수인의 의무를 규정하고 있다.

2) 신용장 통일규칙

국제상업회의소(ICC)에서 제정한 신용장 통일규칙(Uniform Customs and Practice for Documentary Credit; UCP)으로서 신용장업무를 취급할 때의 준수사항과 해석기준을 정한 국제적인 통일규칙이다.

3) 뉴욕협약

외국중재판정의 승인 및 집행에 관한 유엔협약(United Nations Convention on the Recognition and Enforcement of Foreign Arbitral Awards)으로서, 중재판정의 내용은 외국에서도 간단한 집행판결만으로 강제집행할 수 있다는 근거법이다.

4) 비엔나협약

국제물품매매계약에 관한 유엔협약(United Nations Convention on

Contracts for the International Sales of Goods; CISG)으로서, 체약국 간의 모든 국제물품매매계약에 적용하는 일반법이며, 매도인과 매수인의 권리와 의무를 규정하고 있다.

상기한 규범들에 관한 보다 자세한 내용은 다음에 따로 다루기로 한다.

수출입의 관리

1. 수출입품목 관리제도

수출입품목 관리제도란 말 그대로 품목별로 수출입을 관리하는 제도를
뜻한다. 사업자등록만 하면 누구나 자유롭게 무역을 할 수 있도록 허용하

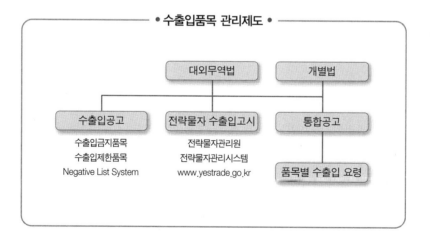

지만 품목에 따라서는 수출입을 제한함으로써 국가경제나 국민을 보호하기 위한 제도이다. 수출입 품목관리는 대외무역업에 근거한 수출입공고, 개별법에 의한 제한내용을 통합해서 공고하는 통합공고 및 전략물자수출입고시에 의해 이루어지며 주요 내용은 다음과 같다.

1) 수출입공고

수출입품목을 관리하기 위한 기본공고로서 Negative List System에 의해서 품목별로 수출입을 관리한다. Negative List System이란 수출입을 금지하는 수출입금지품목과 추천, 인증, 허가, 형식승인, 신고 등 일정한 요건을 갖춘 경우에만 수출입이 가능한 수출입제한품목을 공고하고 여기에 포함되지 않은 나머지 모든 품목에 대해서는 자유로운 수출입을 허용하는 제도를 뜻한다.

Negative List System의 반대말은 Positive List System으로서 자유롭게 수출입을 할 수 있는 아이템을 공고하고 나머지 모든 품목을 수출입할 때는 허가를 받도록 하는 제도를 뜻한다. 우리나라에서는 1967년부터 Negative List System을 채택하고 있다.

2) 통합공고

식품위생법, 약사법, 화장품법, 전기용품안전관리법, 자연환경보호법 등과 같은 개별법에 의한 품목별 수출입 제한내용을 통합하여 공고하는 것으로서, 수출입공고가 경제정책목표 달성을 위한 공고인데 반해서 통합공고는 국민보건 및 안전, 사회질서유지, 문화재보호, 환경보호 등과 같이 경제외적 목표를 달성하기 위한 공고이다.

동일한 품목의 수출입에 대하여 수출입공고와 통합공고가 서로 다른 제한을 하고 있다면 두 가지 제한 모두의 적용을 받는다.

통합공고는 조문과 별표로 이루어져 있으며 품목별로 수출입공고와 개별법의 내용을 정리해 놓은 품목별 수출입요령을 별표에 포함시켜 놓았으므로 취급할 품목이 정해지면 해당 품목의 품목별 수출입요령에서 수출입의 제한여부를 확인해야 한다. 품목별 수출입요령은 한국무역협회 웹사이트에서 확인할 수 있다.

3) 전략물자 수출입고시

전략물자의 수출입을 통제함으로써 국제평화 및 안전과 국가안보를 유지하기 위한 규정으로서, 국제평화 및 안전유지를 위해 국가 간 이동의 규제가 필요하다고 인정되는 품목의 경우에는 사전허가를 받아야만 수출입거래를 할 수 있도록 규정하고 있다.

전략물자는 무기류뿐만 아니라 일상생활이나 산업현장에서 흔히 볼 수 있는 품목도 포함될 수 있으며, 소재, 생화학, 기계, 전기전자, 항공우주, 해양, 원자력 관련물품 및 기술을 포함한다.

수출자는 전략물자관리시스템(www.yestrade.go.kr)을 통해서 수출품이 전략물자에 해당되는지를 확인하고, 해당될 경우에는 수출허가를 받아야 한다. 또한 전략물자가 아니더라도 수출품의 최종용도 및 최종사용자가 대량파괴무기 등의 제조, 개발, 사용 또는 보관에 연루될 것을 인지하거나 의심될 경우에는 상황허가를 받아야 한다. 이밖에도 전략물자를 제3

국에서 또 다른 제3국으로 중개하고자 할 때는 중개허가를 받아야 한다.

2. 품목분류

수출입물품의 분류는 관세협력이사회(CCC; Customs Cooperation Council)에서 제정한 국제적인 통일상품분류체계인 HS(Harmonized Systems)에 따르며 HS에 의해 부여되는 상품분류코드를 HS코드 또는 HS번호라고 한다.

HS번호는 6자리까지는 국제적으로 동일하고 7자리부터는 각 나라에서 10자리까지 세분하여 사용할 수 있다. 중국은 8자리, 일본은 9자리의 HS번호를 사용하고 우리나라에서는 10자리로 세분하여 사용하며 이를 HSK(HS of Korea)라고 한다.

HSK는 관세부과 및 무역통계 작성의 기준이 될 뿐 아니라, 수출입품목 관리를 위한 수출입공고나 통합공고 등이 모두 HSK에 근거하여 고시되므로 취급품목이 정해지면 우선 해당품목의 정확한 HSK코드를 확인해 두어야 한다.

HSK는 2단위(류), 4단위(호), 6단위(소호), 10단위 순으로 단계적으로 분류해야 하며, 개별상품의 정확한 HSK코드를 확인하기 위해서는 해당 물품의 재질, 구조 및 작동원리, 기능 및 용도를 정확하게 이해해야 한다.

HSK코드는 관세청 및 한국무역협회 사이트에서 확인할 수 있으며, 자체적으로 취급품목의 정확한 HSK코드를 확인하기가 어려울 경우에는 관세청에 품목분류 사전심사를 신청할 수 있다.

3. 수출입실적

거래형태별로 대외무역법에서 인정하는 수출입실적은 다음과 같다.

1) 수출실적

거래형태	수출실적
일반상품수출	수출통관액(FOB가격기준)
용역수출	한국무역협회장이 발급한 수출확인서에 의해 외국환은행이 입금확인한 금액
전자적 형태의 무체물의 수출	한국무역협회장 또는 한국소프트웨어산업협회장이 발급한 수출확인서에 의해 외국환은행이 입금확인한 금액
중계무역	수출금액(FOB) – 수입금액(CIF)
외국인도수출	외국환은행 입금액
외국인도수출중 위탁가공된 물품을 현지에서 외국에 판매하는 경우	판매액에서 원자재수출금액 및 가공임을 공제한 가득액

2) 수입실적

거래형태	수입실적
일반상품수입	수입통관액(CIF가격기준)
용역수입	외국환은행의 지급액
전자적 형태의 무체물의 수입	외국환은행의 지급액
외국인수수입	외국환은행의 지급액

전자적 형태의 무체물

소프트웨어, 부호, 문자, 음성, 음향, 이미지, 영상 등을 디지털방식으로 제

작하거나 처리한 자료 또는 정보(영상물, 전자서적, 데이터베이스 등)

전자무역

1. 전자무역의 정의와 활용 내용

전자무역이란 무역업무의 전부 또는 일부를 인터넷을 포함한 정보통신망을 활용하여 처리하는 것을 뜻하며, 업무단계별 활용 내용은 다음과 같다.

업무단계	활용 내용
시장조사	인터넷검색 및 무역관련기관 웹사이트에서 제공하는 정보 활용
해외거래처개발	웹사이트 구축, 인터넷검색 및 무역거래알선 사이트 활용
상담 및 계약	이메일, EDI
수출입요건 확인	EDI
대금결제	EDI, 전자신용장, Bolero, Trade Card
운송, 보험, 통관	EDI, 전자선하증권

2. EDI의 정의 및 활용 업무

EDI(Electronic Data Interchange; 전자문서교환)란 거래당사자, 관련업체, 관련기관 사이에 종이서류 대신 서로 합의한 표준화된 양식의 전자문서를 전용회선, VAN 또는 인터넷을 통해서 교환하는 것을 뜻하며, 수출입거래시 EDI 방식을 활용할 수 있는 업무는 다음과 같다.

업무구분	EDI 활용 업무
거래당사자 간 업무	각종 서식 교환, 인수증 발급
수출입요건 확인	수출입승인, 추천, 허가, 원산지증명서 발급
대금결제	신용상(내국신용장 포함) 개설 및 통지, 수출환어음 매입 및 추심, 수입화물선취보증서 발급, 구매확인서 발급, 입출금 통지
운송	B/L 및 AWB 통지, 화물도착통지
보험	적하보험증권 교부
통관	수출입신고, 관세환급

EDI는 VAN(Value Added Network; 부가가치망)에 가입한 회원에게만 서비스가 제공되는 폐쇄형네트워크(Closed EDI)와 웹상에서 서비스를 제공받을 수 있는 개방형네트워크(Web EDI)로 나누어지며, 개방형네트워크를 통해서 전자문서를 교환할 경우에는 전자인증과정을 거쳐야 한다.

전자신용장(e-L/C)은 신용장의 통지, 확인, 양도, 매입 등 신용장 처리업무를 종이 신용장 없이 전자적으로 처리할 수 있도록 구현된 신용장을 뜻한다. EDI L/C는 e-L/C처럼 전자적으로 통지되지만 종이신용장으로 출력하여 사용해야 하므로 종이신용장이 필요없는 e-L/C와는 다르다.

또한 볼레로(Bolero)는 거래당사자가 볼레로에서 규정한 Rule Book에

서명하여 회원으로 가입하고 선하증권을 전자화하여 유통함으로써 무역결제대금을 처리하는 결제시스템이며, 트레이드카드(Trade Card)는 수입자의 신용을 신용평가회사에서 보증하고 선적서류를 전자적으로 처리하는 결제방식이다. 단 트레이드카드 시스템에서 선하증권은 전자화되지 않는다.

우리나라에서는 차세대무역시스템인 'u트레이드허브(uTradeHub)'를 개발하여 무역계약서 작성에서부터 신용장, 적하보험, 선적요청, 무역대금지급, 통관 등 모든 무역 업무를 인터넷을 통해서 간편하게 처리할 수 있도록 하였다.

3. 무역자동화

무역자동화란 수출입과 관련된 각종 서류를 수작업으로 처리하는 대신 표준화된 전자문서의 형태로 바꾸어 EDI 방식으로 주고받음으로써 시간과 비용을 절약하고 신속 정확하게 처리하는 것을 뜻한다.

무역업무의 흐름과 수출입절차

1. 무역업무의 흐름

일반적인 무역업무의 흐름은 다음과 같다.

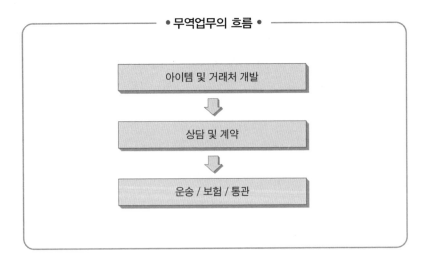

1) 아이템 및 거래처의 개발

무역을 하기 위해서는 우선 무역거래의 대상이 되는 아이템과 거래처를 개발하여야 한다.

2) 상담 및 계약

아이템과 거래처가 정해지면 거래상대방과 가격, 선적시기, 결제방식 등 거래에 따르는 제반 조건들을 협의해서 합의해야 한다. 이와 같이 거래에 따르는 제반 조건을 협의하는 것을 상담이라고 하고 상담의 결과 모든 조건에 합의하는 것을 계약이라고 한다.

3) 운송 · 보험 · 통관

국내거래는 계약이 체결되면 합의한 조건에 따라 물품을 보내고 받는 것으로 거래가 종결되지만, 무역거래를 하기 위해서는 물품을 운송하고, 보험에 가입하여야 하며, 물품이 국경을 넘어서 이동하기 위해서는 해당 국가의 통관절차를 거쳐야 한다.

이상에서 살펴본 대로 무역 업무는 크게 3단계로 이루어진다고 볼 수 있으나 마지막 3단계 운송 · 보험 · 통관 업무는 무역업체에서 직접 처리하지 않고 외부업체에 업무를 위임하는 것이 일반적이다. 즉 운송은 포워더, 보험은 보험회사, 통관은 관세사에게 업무를 위임하고 무역업체는 아이템과 거래서를 개발하고 상담을 통해서 계약을 체결하는 데 전념하게 된다.

포워더의 공식명칭은 복합운송주선업자로서 무역업체를 대신하여 운송과 관련된 업무를 처리해주는 업자를 뜻한다.

2. 수출입절차

무역업체의 입장에서 본 일반적인 무역거래의 수출입절차는 다음과 같다.

1) 수출절차

① 아이템 결정

② 해외시장 조사 및 바이어 정보 입수

③ 거래제의

④ 계약조건 협의 및 합의

⑤ 합의된 계약조건을 서식으로 작성하여 발송

⑥ 수입자로부터 대금수령 또는 신용장 접수

⑦ 수출물품 확보

⑧ Commercial Invoice 및 Packing List 작성

⑨ 포워더에게 운송의뢰

⑩ 관세사에게 통관의뢰

⑪ 적하보험 가입

⑫ 수출보험 가입

⑬ 물품 선적

⑭ 선적서류를 바이어에게 발송하거나 은행에 제출하고 물품대금수령

⑮ 관세환급

2) 수입절차

① 아이템 결정

② 국내시장조사 및 해외공급처 개발

③ 거래제의

④ 계약조건 협의 및 합의

⑤ 수출자로부터 계약조건이 명시된 서식 접수

⑥ 물품대금 송금 또는 신용장 개설

⑦ 포워더에게 운송의뢰

⑧ 적하보험 가입

⑨ 선적서류 접수

⑩ 관세사에게 통관의뢰

⑪ 관세납부

⑫ 물품 인수

2장

아이템 및 거래처의 개발

아이템 개발 | 해외거래처 개발 | 국내거래처 개발 | 신용조사

아이템 개발

　무역거래를 하려면 우선 아이템을 정해야 한다. 아이템을 결정하는 것은 수출자와 수입자의 입장에 따라 달라질 수 있다.

　수출자가 자체적으로 생산하는 물품이 있을 경우에는 해당 물품을 수출하면 되고, 자체적으로 생산하는 물품이 없는 경우에는 다른 업체로부터 물품을 구입하여 수출할 수 있다. 후자의 경우에는 해당 업체의 생산능력, 품질, 가격경쟁력 등을 면밀히 검토하여 수출 아이템을 정해야 한다.

　수입자가 자체적으로 필요한 물품이 있을 경우에는 해당 물품을 수입하고, 국내시장에 유통시킬 목적으로 수입할 경우에는 해당 물품을 수입해서 자신이 직접 국내시장에 유통시키거나 실수요자 또는 유통업체에 물품을 공급해 주면 된다. 후자의 경우에는 해당 물품의 국내유통구조, 경쟁업체 동향, 판매방식 등에 대한 구체적인 검토를 거쳐서 수입할 아이템을 정해야 한다.

수출 혹은 수입할 아이템을 정하는 것이 어렵다면 아이템에 구애받지 않고 우리나라와 거래를 하고 싶어 하는 해외업체를 접촉해서 그들이 수입 또는 수출하고자 하는 아이템에 대한 자료를 검토해서 자신이 취급할 아이템을 정할 수도 있다.

아이템을 정할 때는 국내외 시장에 대한 충분한 조사가 수반되어야 한다. 아이템이나 국내외 시장에 관한 정보는 국내외 인터넷사이트나 무역관련기관을 통해서 입수할 수 있으며 해외시장에 진출할 때는 현지의 에이전트를 통해서도 시장정보를 입수할 수 있다.

무역거래의 대상이 될 아이템에 대한 최종적인 결정을 내리기에 앞서 해당 아이템이 무역거래에 적합한 것인지를 확인해야 한다. 무역거래란 서로 다른 나라끼리의 거래이므로 아무리 물건의 품질이나 가격이 좋다고 하더라도 가격에 비해서 무게나 부피가 지나치게 많이 나갈 경우에는 운송료부담 때문에 가격경쟁력이 떨어질 수가 있다. 또한 운송 중 파손위험이 큰 물건인 경우에는 포장비의 추가부담을 감안해서 수출입 가능성을 따져보아야 한다.

우리나라와 상대방 국가의 수출입관련규정상 무역거래가 금지되거나 제한되는 아이템인지 여부도 확인해야 하며, 수입의 경우에는 해당 아이템의 관세율도 미리 확인해서 수입원가 계산에 착오가 없도록 해야 한다. 우리나라의 품목별 수출입관련규정이나 수입관세율은 한국무역협회 사이트에 제공하는 품목별 수출입요령을 통해서 확인할 수 있다.

해외거래처 개발

해외거래처는 다음과 같은 다양한 방법을 통해서 개발할 수 있다.

1. 인터넷

수출자와 수입자는 각각 자신들이 운영하는 웹사이트나 인터넷검색 등을 통해서 해외거래처를 개발할 수 있으나 좀 더 효율적으로 해외거래처를 개발하기 위해서는 전 세계의 셀러와 바이어를 연결해주는 무역거래알선 사이트를 활용하는 것이 바람직하다.

무역거래알선 사이트를 통해서 해외거래처를 개발하기 위해서는 수출자의 경우 자신이 수출하고자 하는 품목에 대한 자세한 내용을 사이트에 올리고 수입자의 경우 사이트를 방문해서 자신이 관심 있는 품목을 수출하는 업체들이 올린 게시물을 검색해서 상대방과 직접 연락을 주고받으면 된다.

국내외 주요 무역거래알선 사이트는 다음과 같다.

사이트 명	사이트 주소
Alibaba	www.alibaba.com
EC21	www.ec21.com
ECPlaza	www.ecplaza.net
TPage	www.tpage.com
Globalsources	www.globalsources.com

상기한 무역거래알선 사이트들은 이용하기도 편리하고 업데이트도 잘 되지만, 사이트에 올려진 정보의 진위여부를 확인하기가 쉽지 않고, 각국의 유명 바이어나 셀러들을 만나기 어렵다는 등의 문제가 있다. 따라서 무역거래알선 사이트에만 전적으로 의존하기보다는 다음에 소개하는 다양한 방법을 동원해서 해외거래처를 개발할 필요가 있다.

2. 무역 디렉토리

무역 디렉토리란 전 세계 각국의 제조업체 및 무역업체들의 정보를 정리해서 책자 또는 인터넷을 통해서 제공하는 것으로서 국가별, 아이템별, 거래유형별로 다양한 디렉토리가 있다.

한국무역협회, KOTRA, 한국수입업협회 등과 같은 무역관련기관의 자료실에 가면 책자로 출간된 다양한 무역 디렉토리를 찾아볼 수 있으며,

일부 디렉토리는 인터넷을 통해서도 자료를 검색할 수 있다. 대표적인 무역 디렉토리는 다음과 같다.

디렉토리 명	사이트 주소	내용
KOMPASS	www.kompass.com	전 세계 각국의 기업정보
Thomas Register	www.thomasnet.com	미국 및 캐나다의 제조업체 정보

상기한 디렉토리들이 모든 품목의 관련업체 정보를 다루고 있는 종합 디렉토리인데 반해서 다음과 같이 품목별로 전문화된 디렉토리도 있다.

품목	디렉토리
Chemical	Directory of Chemical Producers
Metal & Steel	Metal & Steel Traders of the World Directory
Telecommunication	Major Telecommunications Companies of the World
Food	World Food Industry Sourcebook
Pulp & Paper	International Pulp & Paper Directory

이밖에도 다음과 같이 바이어에 관한 정보만을 따로 모아놓은 디렉토리도 있다.

디렉토리 명	내용
The International Directory of Importers	국가별, 아이템별 수입상 상호, 담당자 이름, 전화번호, 팩스번호, 이메일주소, 취급품목 등을 수록
The International Directory of Agents Distributors & Wholesalers	국가별, 아이템별 에이전트, 판매상, 도매상 등에 관한 자료 수록
The Directory of Mail Order Catalog	미국 내 메일오더회사의 주소, 전화번호, 팩스번호, 이메일주소, 취급품목 등을 수록
Directory of Department Stores	미국 내 백화점들의 주소, 전화번호, 팩스번호, 설립일, 판매액 등을 지역별로 나누어 수록
Directory of United States Importers	미국 내 수입업체들의 주소, 전화번호, 팩스번호, 취급품목 등을 수록

위에 열거한 바와 같은 디렉토리를 활용하면 전 세계 대부분의 유명 기업에 관한 정보를 입수할 수 있으며, 당사자가 임의로 글을 올리는 인터넷거래알선 사이트의 게시판보다는 상대적으로 정보의 신뢰성이 높다고 볼 수 있다. 하지만 무역거래알선 사이트에 비해서 업데이트가 느리고 이용하기가 다소 불편하다는 문제가 있으므로 무역거래알선 사이트와 보완적으로 활용하는 것이 바람직하다.

3. 무역관련기관

국내외 무역관련기관을 통해서 해외거래처를 개발할 수 있다. 우리나라업체와 수출입거래를 희망하는 외국업체들이 국내무역관련기관에 보내온 인콰이어리를 활용할 수도 있고, KOTRA의 해외지사망을 활용해서 해외거래처를 개발할 수도 있다. 또한 세계 각국의 무역관련기관이나 우리나라에 주재하는 각국 대사관을 통해서도 상대국가의 수출입업체에 관한 정보를 입수할 수 있다.

국내외 주요 무역관련기관은 다음과 같다.

1) 국내무역관련기관

기관명	사이트 주소
한국무역협회	www.kita.net
KOTRA	www.kotra.or.kr

대한상공회의소	www.korcham.net
중소기업진흥공단	www.sbc.or.kr
농수산물유통공사	www.at.or.kr
한국수입업협회	www.koima.or.kr

2) 해외 국가별/지역별 무역관련기관

국명	무역기관
미국	ITA(International Trade Administration) www.ita.doc.gov
캐나다	CCC(Canadian Commercial Corporation) www.ccc.ca
유럽	European Chamber of International Business www.ecib.com
영국	DTI(Department of Trade of Industry) www.dti.gov.uk
이탈리아	Italian Institute for Foreign Trade www.italtrade.com
벨기에	BFTB(Belgium Foreign Trade Board) www.obcebdbh.be
호주	AUSTRADE(Australia Trade Commission) www.austrade.gov.au
뉴질랜드	Trade New Zealand www.tradenz.govt.nz
일본	JETRO(Japan External Trade Organization) www.jetro.go.jp
중국	CCPIT(China Council for the Promotion of International Trade) www.ccpit.org
홍콩	TDC(Hong Kong Trade Development Council) www.tdctrade.com
대만	CETRA(China External Trade Development Council) www.taiwantrade.com.tw
태국	DEP(Department of Export Promotion) www.thaitrade.com
필리핀	DTI(Department of Trade & Industry) www.dti.gov.ph

인도네시아	NAFED(National Agency For Export Development) www.nafed.go.id
말레이시아	MATRADE(Malaysia External Trade Development) www.matrade.gov.my
싱가포르	International Enterprises Singapore www.iesingapore.com
인도	Department of Commerce & Industry www.nic.in/eximpol
중남미	Latin Trade www.latintrade.com
브라질	BrazilBiz www.brazilbiz.com.br
아프리카	MBendi www.mbendi.co.za
세계	World Trade Centers Association www.wtca.org

4. 전시회

전 세계 각국에서 개최되는 전시회장에 출품하거나 참관함으로써 해외
거래처를 개발할 수 있다. 전시회에 출품하거나 참관할 때는 가급적 세계
적으로 이름이 알려지고 규모가 큰 전시회를 선택하는 것이 바람직하다.
아이템별로 대표적인 국제전시회는 다음과 같다.

아이템	전시회
정보통신	하노버 국제정보통신박람회(CeBIT Hannover/World Business Fair)
기계	하노버 박람회(Hannover Messe)
소비재	프랑크푸르트 춘계소비재박람회(Ambiente Internationale Frankfurt Messe)
문구, 선물용품	프랑크푸르트 문구, 선물용품 박람회 (Paperworld – Internationale Frankfurter Messe)

악기	프랑크푸르트 국제악기박람회(Int' l Trade fair for Musical Instruments)
모피 및 혁제의류	프랑크푸르트 모피 및 혁제의류박람회(Fur & Fashion Frankfurt)
운동용품	뮌헨 운동용품박람회 (International Trade Fair for Sports Equipments & Fashion)
가구	밀라노 가구박람회 (Salone Internazionale del Mobile, Int' l Expo of Furniture)
광학	밀라노 광학박람회 (MIDO/Int' l Optics, Optometry & Ophthalmology Exhibition)
가전	라스베가스 가전박람회(CES)
종합	광동박람회(Canton Fair)

위에 언급한 주요 전시회리스트에서 보듯이 세계적인 전시회는 주로 독일에서 많이 개최된다. 이는 독일이 정책적으로 국제전시회를 국가의 주요사업 중의 하나로 육성한데다 전시회기간 중에 실질적인 상담이 이루어지기 때문이다. 프랑크푸르트나 하노버 같이 대규모전시회가 열리는 곳에서는 전시회기간 중에 교통편이나 숙소를 구하기가 어려우므로 미리미리 예약을 해두어야 한다.

국내외 전시회 일정 및 상세정보, 전시회 출품지원 등에 대해서는 KOTRA에서 운영하는 글로벌전시포털(www.gep.or.kr)에서 확인할 수 있다.

5. 상담회

무역관련기관과 업종별 관련단체, 각종 지방자치단체에서 주최하는 상담회를 통해서 해외거래처를 개발할 수 있다. 전시회가 단시간 내에 다수의 업체를 만날 수 있는 장점이 있지만 개별 업체와의 집중적인 상담을 나누기가 어렵다는 문제가 있는 반면에 상담회는 1대1 개별 미팅방식으로 진행되므로 좀 더 심도 있는 상담을 통해서 거래성사 가능성을 높일 수 있다.

상담회는 외국의 바이어나 셀러를 국내로 초청해서 해당 업체들이 취급하는 국내업체들과의 미팅을 주선하거나, 반대로 국내업체들이 외국에 나가서 현지의 바이어나 셀러와 만나는 방식으로 이루어진다. 비록 1대1 개별 미팅방식으로 운영이 되지만 개별 기업별로 한 업체만 만나는 것이 아니라 복수기업과의 1대1 미팅이 이루어지므로 경쟁업체와 차별화할 수 있는 조건을 들고 나가야 거래성사율을 높일 수 있다.

한국무역협회, KOTRA, 중소기업진흥공단, 한국수입업협회 등 무역관련기관과 업종별 관련단체, 지방자체단체 등에서 다양한 상담회를 개최하고 있으며 구체적인 상담회 일정은 해당 기관의 웹사이트를 통해서 확인할 수 있다.

6. 해외조달

세계 각국의 행정기관이나 UN 등 국제기구가 구매하는 상품 및 서비스 조달시장에 참여함으로서 해외거래처를 개발할 수 있다. 해외조달시장에 진출하기 위해서는 각국 정부나 국제기구에서 주관하는 경쟁입찰을 통해서 직접 진출하거나 말수저와 계약을 체결한 주계약자(Prime Contractor)에게 하청형태로 납품하는 방식으로 참여할 수도 있다. 해외조달시장에 진출하려는 업체들은 다음과 같은 지원을 받을 수 있다.

지원내역	지원기관
정보지원	한국무역협회, 중소기업청, 조달청 해외조달센터(www.pps.go.kr/gpass)
마케팅지원	KOTRA(정부조달사업팀 운영), 중소기업청(민간해외지원센터), 중소기업청(글로벌네트워크 Agency 사업팀)
금융지원	무역보험공사(해외정부조달 수출보험, 해외공사보험), 수출입은행(대출 및 이행보증), 중소기업청(수출용 생산비용 소요자금 대출)

국내거래처 개발

타사제품을 수출하거나 수입품을 국내에 판매하기 위해서는 국내거래처를 개발해야 한다. 국내거래처는 인터넷 검색사이트의 검색창에 해당아이템 명을 입력해서 검색하거나 해당 물품의 관련조합이나 기관을 접촉해서 자료를 구할 수 있다.

또한 경제신문사에서 발간하는 회사연감이나 기업총람을 참고하거나전자정보업체총람, 자동제어계측총람, 플라스틱산업총람 등과 같은 각업종별 디렉토리를 통해서도 관련업체의 정보를 구할 수 있다.

수출의 경우 새로운 공장을 물색하기 위해서는 각종 매스컴에 소개되는 신제품에 관한 기사를 주의 깊게 살펴보는 노력이 필요하다.

신용조사

안전한 거래를 위해서는 처음 접촉하는 거래처와 본격적인 거래를 시작하기 전에 상대방의 신용을 확인할 필요가 있다. 국내거래처는 간단한 탐문조사만으로도 기본적인 신용상태를 확인할 수 있으나, 해외거래처의 경우에는 보다 철저한 신용조사가 필요하다. 해외거래처에 대한 신용조사의 내용과 조사방법은 다음과 같다.

1. 신용조사의 내용

1) Character

해당 업체의 성실성, 업계의 평판, 계약이행자세, 상도덕 준수여부 등을 조사한다.

2) Capital

해당 업체의 재무상태, 지불능력, 부채상황 등을 조사한다.

3) Capacity

해당 업체의 연간매출액, 시장점유율, 영업능력 등을 조사한다.

2. 신용조사 방법

1) 은행조회(Bank Reference)

해당 업체의 거래은행을 통해서 해당 업체의 재무구조 및 거래행태에 대한 정보를 입수한다.

2) 동업자조회(Trade Reference)

해당 업체와 거래경험이 있는 거래처를 통해서 해당 업체의 신용을 확인한다.

3) 기관조회(Agency Reference)

은행조회나 동업자조회만으로는 상대방의 신용에 대한 객관적인 평가를 내리기가 힘들다. 상대방과 거래하는 은행이나 동업자인 만큼 상대방에 대해 호의적인 정보를 제공할 가능성이 높기 때문이다.

따라서 보다 객관적인 정보를 얻기 위해서는 한국무역보험공사와 같은 공기관이나 D&B(Dun & Bradstreet)와 같은 신용조사 전문업체에게 신용조사를 의뢰해야 한다. 한국무역보험공사를 이용하면 수수료가 저렴한 반면에 개략적인 정보만 제공해주기 때문에 보다 구체적인 정보가 필요한 경우에는 D&B와 같은 신용조사 전문업체를 이용하는 것이 바람직하다.

여기서 유의할 것은 아무리 신용조사를 철저히 한다고 해도 거래의 안전이 100% 보장되지는 않는다는 것이다. 신용조사 결과와 상관없이 무역사기에 휘말릴 수도 있으며, 신용조사 결과와 배치되는 결과가 나타난다고 해서 신용정보를 제공한 측에서 책임을 지는 것도 아니다. 따라서 신용조사 결과는 하나의 참고자료로 활용하고 실제 거래를 통해서 상대방의 신용을 확인해나가는 것이 바람직하다.

계약조건의 정의 계약조건

3장

계약조건

계약조건의 정의

국내외 거래처가 정해지면 해외거래처와의 본격적인 상담에 나서야 한다. 해외거래처와의 거래를 성사시키기 위해서는 무역거래에 따르는 제반조건을 협의해서 합의해야 하며, 이 때 바이어와 셀러 간에 합의해야 하는 조건을 계약조건이라고 한다.

일반적인 무역거래에서 합의해야 하는 주요 계약조건으로는 품질, 수량, 가격, 포장, 선적 및 결제조건 등이 있다.

계약조건의 종류

1. 품질조건

　품질조건이란 무역거래의 대상이 되는 물품이 어떤 물품인지를 정하는
것이며, 무역서식에서는 description, item, commodity, article 등으로
표기한다. 바이어와 셀러 간에 어떤 물품을 사고팔지를 정할 때는 해당
물품의 품명뿐만 아니라 규격, 모델번호, 색상 등을 구체적으로 명시해야
한다.

　하지만 아무리 물품의 내역을 구체적으로 명시한다고 해도 실제로 선
적한 물품의 품질에 대해서 바이어와 셀러 간에 해석이 달라질 수 있으므
로 보다 명확하게 품질을 정하기 위해서는 셀러가 해당 물품의 샘플이나
사진을 제공하는 것이 바람직하다.

　한편 국제적으로 알려진 유명브랜드의 경우에는 브랜드만으로 상품의

품질을 정하기도 하며, 샘플을 제공할 수 없는 선박, 항공기, 대형기계류나 설비 등의 경우에는 설계도면과 같은 규격서(specification)나 설명서에 의해서 품질을 정하기도 한다.

또한 ISO(International Standardization Organization), CE(Communaut' European), JIS(Japan Industrial standard) 등과 같이 국제기구 또는 해당 국가에서 설정한 기준을 품질조건으로 추가하기도 한다.

2. 수량조건

수량조건이란 사고 팔 물품의 수량을 정하는 것이며, 무역서식에서는 quantity라고 표기한다. 수량을 정할 때는 물품의 특성이나 포장단위에 따라 ea, pcs, box, set, kg, ton 등으로 표시하며, 수출자의 입장에서 최소한의 수량을 정할 필요가 있을 때는 최소주문수량(minimum quantity)을 명시하기도 한다.

중량을 톤으로 표시할 때는 다음과 같이 나라마다 기준이 다른 것에 유의해야 한다.

L/T(Long Ton, English Ton) = 2,240 lbs = 1,016 kgs

S/T(Short Ton, American Ton) = 2,000 lbs = 907 kgs

M/T(Metric Ton, French Ton) = 2,204 lbs = 1,000 kgs

3. 가격조건

가격조건이란 물품의 가격을 정하는 것이다. 여기서 가격이란 물품 하나 또는 하나의 포장 단위의 가격인 단가를 뜻하며 무역서식에서는 unit price라고 표기한다. 무역서식에서는 단가와 함께 총금액을 표시하는데 총금액이란 단가에 총수량을 곱한 것이며 total amount 또는 amount라고 표기한다.

가격을 정할 때는 반드시 어떤 조건에서의 가격인지를 명확히 해야 한다. 여기서 어떤 조건이란 물품을 이동하는 과정에서 발생하는 비용(cost)과 위험(risk), 기타 수출자의 의무를 어디까지 가격에 포함시키느냐를 정하는 것으로서 거래조건(trade terms)이라고 한다.

거래조건을 명확히 하지 않고 가격을 정하게 되면 수출자와 수입자 간에 분쟁에 휩싸일 가능성이 높다. 수출자는 가격에 아무런 비용과 위험도 포함시키지 않았다고 주장할 것이고, 수입자는 물품이 도착할 때까지 발생하는 모든 비용과 위험이 가격에 포함된 줄 알았다고 주장할 것이기 때문이다.

국내거래에서 가격을 정할 때도 거래조건이 등장한다. 인터넷쇼핑몰에서 가격을 검색해보면 가격에 배송비가 포함된 경우가 있고, 배송비 별도로 표시된 경우가 있는데 이것도 일종의 거래조건이라고 할 수 있다. 소비자의 입장에서 보면 단순히 가격만을 보지 않고 거래조건까지 감안해서 어디서 구입할지를 정하게 된다.

물품의 이동에 따르는 비용만 놓고 보았을 때 국내거래에서는 운송비만 발생하기 때문에 가격에 운송비가 포함되는지 여부에 따라 두 가지의 거래조건으로 나눌 수 있다. 하지만 무역거래의 경우에는 운송비 외에도 보험료와 통관비가 발생하므로 거래조건의 종류가 늘어날 수밖에 없다.

뿐만 아니라 무역거래에서의 운송비는 수출국 내에서의 운송비, 수출국과 수입국 간의 운송비, 수입국 내에서의 운송비 등으로 나누어지고, 통관비도 수출통관비와 수입통관비로 나누어지므로 이들 각각의 비용이 가격에 포함되는지 여부에 따라 수많은 종류의 거래조건이 만들어질 수 있다.

따라서 수출자와 수입자가 무역거래를 할 때마다 거래조건을 별도로 정해야 한다면 여간 번거로운 일이 아니다. 그래서 만든 것이 바로 정형거래조건이다. 정형거래조건이란 무역거래에 적용할 거래조건을 미리 정해놓은 것을 뜻하며, 일찍이 무역거래가 가장 먼저 발달한 영국에서 FOB와 CIF와 같은 정형거래조건을 사용한 데서 비롯되었다.

정형거래조건을 사용함으로써 수출자와 수입자 간에 가격을 정하기가 훨씬 수월해졌으나 동일한 정형거래조건을 두고 국가 혹은 기업마다 각기 다른 해석을 하는 경우가 발생하여, 국제적으로 통일된 해석기준을 제정할 필요성이 대두되었다.

이와 같은 배경에서 제정된 것이 바로 인코텀즈(INCOTERMS)다. 인코텀즈란 국제상업회의소(International Chamber of Commerce; ICC)에서 제정한 정형거래조건해석에 관한 국제규칙(International Rules for the Interpretation of Trade Terms)을 뜻한다.

수출자와 수입자는 무역거래시마다 별도의 거래조건에 합의하는 대신

인코텀즈에서 규정한 정형거래조건 중에 하나를 선택하여 해당 조건에 입각한 가격에 합의함으로써 보다 쉽게 무역거래를 할 수 있게 되었다.

인코텀즈에서 규정한 정형거래조건에 대한 보다 자세한 내용은 다음 장에서 따로 설명하기로 한다.

4. 포장조건

포장조건이란 물품의 포장을 어떻게 할지를 정하는 것으로서, 무역서식에서는 packing이라고 표기한다. 거래당사자는 물품의 특성이나 수출자의 포장여건, 수입자의 판매방식 등을 감안하여 포장재, 포장단위, 포장방식을 정한다. 포장조건에 대해서 구체적인 합의가 없는 경우에는 무역서식에 export standard packing이라고 기재한다.

포장과 관련하여 또 한 가지 정해야 할 것이 shipping mark다. Shipping mark란 수출품을 포장한 박스의 표면에 수입자의 이니셜, 도착

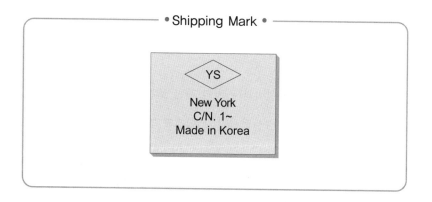

• Shipping Mark •

YS
New York
C/N. 1~
Made in Korea

항, 포장화물의 일련번호 등을 표시하는 것을 뜻한다. 무역거래는 국내거래와는 달리 하나의 운송수단에 여러 업체의 물건이 같이 운송되는 경우가 많으므로 포장박스에 아무런 표시가 되어 있지 않으면 여러 가지 문제가 발생할 수 있다. 이런 문제는 shipping mark를 제대로 표시함으로써 예방할 수 있다.

즉 물건이 도착했을 때 수입자가 자신의 물건을 쉽게 찾을 수 있도록 수입자의 이니셜을 표시하고, 물건이 운송되는 도중에 다른 항구에 내려지는 것을 방지하기 위해서 도착항을 표시한다. 또한 여러 종류의 물건을 같이 싣는 경우 포장박스 안에 어떤 물건이 실려 있는지를 쉽게 확인할 수 있도록 포장박스마다 일련번호를 붙이고 포장명세서에 포장내역을 표시한다.

shipping mark의 모양 및 구체적인 내용은 수입자가 정해서 수출자에게 알려주는 것이 일반적이나, 수입자가 별도의 shipping mark를 정하지 않을 경우에는 수출자가 임의로 표시하기도 한다.

5. 선적조건

선적조건이란 물품의 선적과 관련한 제반 조건을 정하는 것을 뜻하며 운송방식, 선적항, 도착항, 선적시기, 분할선적 및 환적 허용여부 등을 포함한다.

여기서 운송방식이란 물품을 해상으로 운송할지 항공으로 운송할지를 정하는 것이며, 선적항(shipping port)과 도착항(destination)에 따라 운송비와 운송기간이 달라지므로 어디서 선적하고 어디까지 운송할지도 정해두어야 한다.

또한 선적시기(shipment)는 물품을 언제 선적할지를 정하는 것으로서, 통상 최종선적기일(latest date of shipment)을 정하고 해당 기일 내에 물품을 싣도록 한다.

분할선적(partial shipment)이란 물품을 2회 이상 나누어 싣는 것을 뜻하며, 재고가 없거나 계약물량 전량을 준비하는 데 시간이 많이 걸릴 경우에 수입자의 양해 하에 이루어진다.

환적(transshipment)이란 물품을 운송하는 도중에 중간기착지에서 다른 선박이나 운송수단에 옮겨서 싣는 것을 뜻한다. 환적은 수출국과 수입국 간에 정기운송항로가 없거나 자주 운항하지 않는 경우 또는 운송도중 운송수단이 바뀌는 경우에 이루어진다.

6. 결제조건

결제조건이란 물품대금을 어떤 방식으로 지급할지를 정하는 것으로서, 무역서식에서는 payment라고 표시한다. 결제조건에는 송금방식, 신용장방식, 추심방식 등이 있으며 이와 관련한 자세한 내용은 다음에 따로 설명하기로 한다.

7. 기타조건

이 밖에도 거래내용에 따라 원산지(country of orgin), 보험조건 등을 계약조건에 포함시키기도 한다.

4장

인코텀즈

인코텀즈 개요 | 인코텀즈의 주요 내용 | 인코텀즈 실무

인코텀즈 개요

1. 인코텀즈 개요

INCOTERMS는 International Commercial Terms의 약자로서 국제상
업회의소(ICC; International Chamber of Commerce)에서 제정한 정형거래
조건에 관한 국제규칙(ICC rule for the use of domestic and international
trade terms)을 일컫는다.

INCOTERMS는 매매계약에 의한 물품의 인도와 관련하여 매도인과 매
수인의 의무를 규정한 것으로서 거래당사자 간에 비용과 위험이 어떻게
분담되고 이전되는지에 대한 유권해석이라고 할 수 있다.

INCOTERMS는 가격을 결정하고 보험을 누가 들지를 판단하는 기준이
될 뿐 아니라 거래당사자 간에 합의하는 제반 계약조건을 보완하고 분쟁
발생 시 법률관계를 해석하는 기준이 되므로 무역실무 전 과정 중에서 가

장 중요한 내용 중에 하나라고 할 수 있다.

현재 사용하고 있는 INCOTERMS는 2019년에 개정되고 2020년 1월 1일부터 적용하기로 하여 INCOTERMS 2020이라고 부르며, 11가지 정형거래조건에 대해서 매도인과 매수인의 의무 각각 10가지씩을 규정하고 있다.

INCOTERMS 2020에서 규정한 11가지 정형거래조건은 운송방식과 상관없이 사용할 수 있는 7가지 조건과 해상 및 내수로운송방식에만 사용할 수 있는 4가지 조건으로 이루어지며, 그 내역은 다음과 같다.

운송방식에 상관없이 사용할 수 있는 조건	EXW	Ex Works
	FCA	Free Carrier
	CPT	Carriage Paid To
	CIP	Carriage and Insurance Paid To
	DAP	Delivered At Place
	DPU	Delivered At Place Unloaded
	DDP	Delivered Duty Paid
해상 및 내수로 운송방식에만 사용할 수 있는 조건	FAS	Free Alongside Ship
	FOB	Free On Board
	CFR	Cost and Freight
	CIF	Cost Insurance and Freight

INCOTERMS 2020에서 규정한 매도인과 매수인의 의무 10가지의 내역은 다음과 같다.

매도인의 의무	매수인의 의무
1. 일반의무	1. 일반의무
2. 물품의 인도	2. 물품의 인수
3. 위험의 이전	3. 위험의 이전

4. 운송	4. 운송
5. 보험	5. 보험
6. 인도/운송서류	6. 인도/운송서류
7. 수출/수입통관	7. 수출/수입통관
8. 점검/포장/하인표시	8. 점검/포장/하인표시
9. 비용의 분담	9. 비용의 분담
10. 통지	10. 통지

상기한 10가지의 의무사항 중 위험의 이전과 비용의 분담이 가격을 결정하고 보험을 누가 들지를 판단하는 데 중요한 기준이 된다.

위험의 이전(transfer of risks)이란 물품이 운송되는 도중에 사고가 발생했을 때 누가 책임을 지느냐를 규정하는 것으로, 위험이 매도인으로부터 매수인으로 이전되기 전까지 발생하는 사고에 대해서는 매도인이 책임을 지고, 위험이 이전된 후에 발생한 사고에 대해서는 매수인이 책임을 지게 된다.

여기서 책임을 진다는 것은 사고로 인해서 발생한 손해를 부담한다는 뜻으로, 매도인은 물품을 정상적으로 출고했음에도 불구하고 물품대금을 받을 수 없고, 매수인은 정상적으로 물품을 받지 못했음에도 불구하고 물품대금을 지급해야 함을 뜻한다. 따라서 매도인과 매수인은 사고로 인해 발생할지도 모르는 손해에 대비하기 위해서 보험에 가입하여야 한다.

비용의 분담(allocation of costs)이란 물품이 매도인을 출발해서 매수인이 지정한 장소에 도착할 때까지 발생하는 운송비, 보험료, 통관비 등의 부대비용을 매도인과 매수인 간에 어떻게 분담할지를 규정하는 것으로서 매수인은 매도인이 부담할 부대비용을 물품대금에 더해서 매도인에게 지급해야 한다.

이때 주목할 것은 INCOTERMS에서 규정한 11가지 조건별로 매도인과 매수인이 부담해야할 부대비용이 달라지지만 어떤 경우든 모든 부대비용은 결국 매수인이 부담한다는 것이다. 즉 INCOTERMS의 규정에 따라 매도인에게 할당된 부대비용은 매도인으로 하여금 운송업체, 보험회사, 관세사 및 세관 등에 지급하도록 하고, 매수인에게 할당된 부대비용은 매수인이 직접 해당업체에 지급하는 것만 다를 뿐 결과적으로 모든 부대비용은 매수인이 부담하는 것이다.

INCOTERMS에서 규정한 11가지 정형거래조건의 비용의 분담지점과 위험의 이전시점을 표시하면 다음 그림과 같다.

1) 비용의 분담

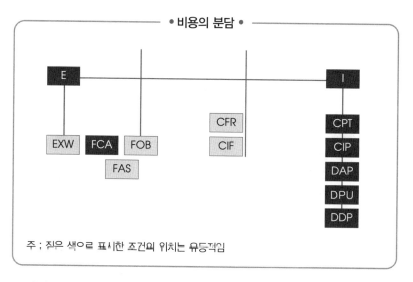

주 : 짙은 색으로 표시한 조건의 위치는 유동적임

위의 그림에서 왼쪽의 E는 매도인(수출자 : Exporter)을 뜻하고 오른쪽의 I는 매수인(수입자 : Importer)을 뜻하며, 왼쪽의 세로막대는 선적항, 오른쪽의 세로막대는 도착항을 뜻한다. 그림에서 정형거래조건명이 표시된 위치가 비용이 분담되는 지점을 뜻한다. 즉 물품이 공장이나 창고를 출발해서 해당 지점에 이르기까지의 비용은 매도인이 부담하고 해당 지점 이후에 발생하는 비용은 매수인이 부담한다는 뜻이다. 따라서 매수인은 해당 지점에 이르기까지의 부대비용을 물품대금에 더해서 매도인에게 지급해야 한다.

매도인과 매수인은 각각 비용이 분담되는 지점을 감안하여 원가계산을 해야 한다. 즉 매도인의 입장에서는 해당 지점까지의 부대비용을 물품가격에 더해서 최종가격을 산출해야 하고, 매수인의 경우에는 매도인에게 지급하는 최종가격에다 해당 지점 이후에 발생하는 부대비용을 더해서 수입원가를 계산해야 한다.

2) 위험의 이전

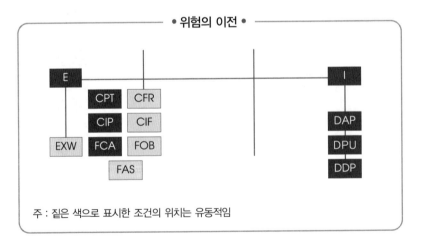

주 : 짙은 색으로 표시한 조건의 위치는 유동적임

위의 그림에 표시된 정형거래조건의 위치가 위험이 이전되는 시점을 뜻한다. 즉 해당 시점까지의 위험은 매도인이 부담하고 해당 시점 이후에 발행하는 위험에 대해서는 매수인이 부담한다는 뜻이다.

매도인과 매수인은 그림에 표시된 위험의 이전시점에 따라 보험가입 여부를 결정해야 한다. 즉 위험의 이전이 수출국에서 이루어지는 조건으로 거래할 때는 매수인이 보험에 가입해야 하고, 위험의 이전이 수입국에서 이루어지는 조건으로 거래할 때는 매도인이 보험에 가입해야 한다.

CIF와 CIP 조건의 경우에는 위험의 이전시점으로 보아서는 매수인이 보험에 들어야 하지만 INCOTERMS의 규정에 따라 매도인이 매수인 대신 보험에 들고 사고가 발생하면 매수인이 보상을 청구한다.

INCOTERMS에서는 CIF와 CIP를 제외한 나머지 9가지 조건에서는 매도인과 매수인 모두 보험계약의 의무가 없다고 명시하고 있다. 여기서 보험계약의 의무가 없다는 것은 서로 상대방에 대해서 보험에 가입할 의무가 없다는 뜻이다. 따라서 CIF와 CIP를 제외한 나머지 9가지 조건에서는 상대방에 대한 의무로서가 아니라 자기 자신을 위험으로부터 보호하기 위해서 보험에 가입해야 한다.

결론적으로 매도인이 보험에 들어야 하는 조건은 CIF와 CIP 외에 수입국에서 위험이 이전되는 DAP, DPU, DDP 등이 있으며, 수출국에서 위험이 이전되는 나머지 6가지 조건(EXW, FOB, FAS, FCA, CFR, CPT)에서는 수입자가 보험에 들어야 한다.

2. 인코텀즈 2020에서 바뀐 내용

　인코텀즈는 1936년에 제정된 이래 무역관습의 변화에 따라 1953년, 1967년, 1976년 세 차례에 걸쳐 개정되었으며, 1980년에 4차 개정이 이루어진 이후로는 1990년, 2000년, 2010년, 2020년 등 매 10년 단위로 정기적으로 개정되고 있다.

　직전 버전인 인코텀즈 2010과 비교했을 때 인코텀즈 2020에서 바뀐 내용은 다음과 같다.

1) 본선적재표기가 있는 선하증권과 FCA 조건

　FCA 조건의 경우 물품이 선박에 적재되기 전에 물품의 인도가 이루어지므로 본선적재표기가 있는 선하증권(on board B/L)이 필요한 경우에는 매수인이 운송인에게 본선적재표기가 있는 선하증권을 발행하도록 지시하여야 한다.

2) 비용을 어디에 규정할 것인가?

　인코텀즈 2010에서는 매도인과 매수인이 부담해야 할 다양한 비용을 여러 항목에 나누어 규정하였다. 예를 들어 인도서류의 취득과 관련된 비용은 인코텀즈 2010에서는 '비용의 분담(Allocation of Costs)' 항목이 아니라 '인도서류(Delivery Documents)' 항목에서 규정하였다. 인코텀즈 2020에서는 당사자가 자신이 부담해야 할 모든 비용을 한 곳에서 찾아볼 수 있도록 비용의 분담 항목에 모든 비용을 열거하였다.

3) CIF와 CIP 간 부보수준의 차별화

인코텀즈 2010에서는 CIF와 CIP 조건에서 매도인이 보험에 가입할 때 협회적하약관 중에 담보범위가 가장 적은 C약관으로 가입할 의무를 부과하였지만, 인코텀즈 2020에서는 CIF 조건은 C약관으로, CIP 조건은 담보범위가 가장 큰 A약관으로 가입하도록 분리하여 의무를 부과하였다. 다만 당사자들의 합의에 따라 상기한 규정과 상관없이 다른 약관으로 가입하는 것이 가능하도록 하였다.

4) FCA, DAP, DPU 및 DDP 조건에서 매도인 또는 매수인 자신의 운송수단에 의한 운송 허용

인코텀즈 2010은 제3자운송인(third-party carrier)이 물품을 운송하는 것을 가정하여 만들었지만 인코텀즈 2020에서는 FCA, DAP, DPU 및 DDP 조건에서 운송인을 제3자에게 아웃소싱하지 않고 자신의 차량을 이용할 수 있도록 하였다.

5) DAT를 DPU로 명칭 변경

인코텀즈 2010에서 새로 도입한 DAT 조건의 경우 물품의 인도장소를 터미널로 국한하였지만 인코텀즈 2020에서는 터미널뿐만 아니라 모든 장소에서 인도할 수 있도록 DPU(Delivered At Place Unloaded)라고 명칭을 변경하여 지정된 장소에 도착한 운송수단에서 물품을 내려서 인도하는 경우에 사용하노록 하였다.

6) 운송의무 및 비용 조항에 보안관련 요건 삽입

인코텀즈 2010에서 다소 소극적으로 표현했던 보안관련규정을 인코텀즈 2020에서는 운송, 수출입통관, 비용의 분담 항목에서 좀 더 명시적으로 규정하였다.

7) 사용자를 위한 설명문

인코텀즈 2010 버전에서 개별 조건의 첫머리에 있었던 '사용지침(Guidance Note)'을 보강하여 '사용자를 위한 설명문(Explanatory Notes for Users)'으로 바꾸었다. 이러한 설명문은 각 조건이 어떤 경우에 사용되어야 하는지, 위험은 언제 이전하는지 그리고 매도인과 매수인 사이에 비용의 분담은 어떻게 이루어지는지와 같은 개별 인코텀즈 2020 규칙의 기초를 설명한다.

인코텀즈의 주요 내용

INCOTERMS 2020에서 규정한 11가지 정형거래조건의 주요 내용은 다음과 같다.

1. EXW : EX WORKS(공장인도조건)

공장이나 창고와 같은 지정장소에서 물품을 인도하는 규칙이다. 그 지정장소는 매도인의 구내일 수도 있고 아닐 수도 있다. 매도인은 차량에 물품을 적재할 필요가 없으며 수출통관을 할 필요도 없다.

본 규칙은 운송방식에 상관없이 사용할 수 있으며, 복수의 운송방식이 사용되는 경우에도 사용할 수 있다. 본 규칙에서 지정된 인도장소에서 위험이 이전되고 비용부담의 기준점이 되므로 당사자들은 지정인도장소 내에 정확한 지점을 명시하는 것이 바람직하다. EXW는 매도인의 의무가 최소인 규칙이다.

물품이 적재되기 전에 물품의 인도가 이루어지기 때문에 매수인이 적재작업 중의 위험을 피하고자 하는 경우에는 FCA 규칙을 사용하는 것이 좋다. 또한 본 규칙에서는 수출통관의 의무가 매수인에게 있기 때문에 매수인이 수출통관을 하는 데 어려움이 있는 경우에는 FCA 규칙을 사용하는 것이 좋다.

비용의 분기점	공장이나 창고와 같은 지정된 장소에서 물품을 인도했을 때
위험의 분기점	공장이나 창고와 같은 지정된 장소에서 물품을 인도했을 때
운송계약	매수인
보험계약	매수인
수출통관	매수인
수입통관	매수인
표기방법	EXW + 지정된 인도장소

2. FOB : Free On Board(본선인도조건)

지정된 선적항에서 매수인이 지정한 선박에 물품을 적재하여 인도하거나 이미 그렇게 인도된 물품을 조달하는 규칙이다. 물품이 선박에 적재된 때 위험이 이전되고, 매수인은 그 순간 이후의 모든 비용을 부담한다.

본 규칙은 해상운송이나 내수로운송에만 사용되어야 한다. 따라서 FOB 규칙은 물품이 컨테이너터미널에서 인도되는 컨테이너운송방식에는 적합지 않으며 이런 경우에는 FCA 규칙을 사용하는 것이 좋다.

여기서 '조달한다(procure)'고 규정한 것은 특히 일차상품거래 (commodity trades)에서 일반적인 수차에 걸쳐 연속적으로 이루어지는 연속매매(string sale)에 적용하기 위함이다.

FOB에서는 매도인이 수출통관을 해야 하지만 수입통관, 수입관세를 납부하거나 수입통관절차를 수행할 의무가 없다.

비용의 분기점	매수인이 지정한 선박에 물품을 적재하였을 때
위험의 분기점	매수인이 지정한 선박에 물품을 적재하였을 때
운송계약	매수인
보험계약	매수인
수출통관	매도인
수입통관	매수인
표기방법	FOB + 지정된 선적항

3. FAS : Free Alongside Ship(선측인도조건)

지정된 선적항에서 매수인이 지정한 선박의 선측에서 물품을 인도하거나 이미 그렇게 인도된 물품을 조달하는 규칙이다. 물품이 선측에 놓인 때 위험이 매수인에게 이전되고, 매수인은 그 순간 이후의 모든 비용을 부담한다.

본 규칙은 해상운송이나 내수로운송에만 사용되어야 한다. 따라서 FAS 규칙은 물품이 컨테이너터미널에서 인도되는 컨테이너운송방식에는 적합지 않으며 이런 경우에는 FCA 규칙을 사용하는 것이 좋다.

당사자들은 위험의 이전과 비용의 분담이 이루어지는 지점을 명확하게 하기 위해서 지정선적항에서 물품이 부두나 바지(barge)로부터 선박으로 이동하는 적재지점을 가급적 명확하게 명시하는 것이 좋다.

여기서 '조달한다(procure)'고 규정한 것은 특히 일차상품거래 (commodity trades)에서 일반적인 수차에 걸쳐 연속적으로 이루어지는 연속매매(string sale)에 적용하기 위함이다.

FAS에서는 매도인이 수출통관을 해야 하지만 수입통관, 수입관세를 납부하거나 수입통관절차를 수행할 의무가 없다.

비용의 분기점	매수인이 지정한 선박의 선측에서 물품을 인도하였을 때
위험의 분기점	매수인이 지정한 선박의 선측에서 물품을 인도하였을 때
운송계약	매수인
보험계약	매수인
수출통관	매도인
수입통관	매수인
표기방법	FAS + 지정된 선적항

4. FCA : Free Carrier(운송인인도조건)

수출국 내의 지정된 장소에서 매수인이 지정한 운송인에게 물품을 인도하는 규칙이다. 지정장소가 매도인의 영업구내인 경우에는 매수인이 제공한 운송수단에 적재하여 인도하고, 그 밖의 경우에는 매도인의 운송수단에 실린 채 양하준비된 상태로 매수인이 지정한 운송인에게 인도한다. 상기한 인도장소는 위험이 매수인에게 이전되는 곳이자 매수인의 비용부담이 시작되는 시점이 된다.

본 규칙은 운송방식에 상관없이 사용할 수 있으며, 복수의 운송방식이 사용되는 경우에도 사용할 수 있다. 본 규칙에서 지정된 인도장소에서 위험이 이전되고 비용부담의 기준점이 되므로 당사자들은 지정인도장소 내에 정확한 지점을 명시하는 것이 바람직하다.

본 규칙에서 매도인은 물품의 수출통관을 해야 하지만 수입통관, 수입관세를 납부하거나 수입통관절차를 수행할 의무가 없다.

FCA 규칙의 경우 물품이 선박에 적재되기 전에 물품의 인도가 이루어지므로 본선적재표기가 있는 선하증권(on board B/L)이 필요한 경우에는 매수인이 운송인에게 본선적재표기가 있는 선하증권을 발행하도록 지시하여야 한다.

비용의 분기점	매수인이 지정한 운송인에게 물품을 인도했을 때
위험의 분기점	매수인이 지정한 운송인에게 물품을 인도했을 때
운송계약	매수인
보험계약	매수인
수출통관	매도인
수입통관	매수인
표기방법	FCA + 지정된 인도장소

5. CFR : Cost and Freight(운임포함인도조건)

지정된 선적항에서 매수인이 지정한 선박에 물품을 적재하여 인도하거나 이미 그렇게 인도된 물품을 조달하고, 지정된 목적항까지의 운임을 매도인이 부담하는 규칙이다. 위험은 물품이 선박에 적재된 때 이전되고, 매도인은 명시된 물품이 실제로 목적지에 양호한 상태로 도착하는지를 불문하고 물품인도의무를 이행한 것으로 된다. CFR에서 매도인은 매수인에 대하여 보험부보의 의무가 없다. 따라서 매수인은 스스로 부보하는 것이 좋다.

본 규칙은 해상이나 내수로운송방식에만 사용되어야 하며, 물품이 컨테이너터미널에서 운송인에게 인도되는 경우에는 CFR 대신에 CPT 규칙을 사용하는 것이 좋다. 여기서 '조달한다(procure)'고 규정한 것은 특히 일차상품거래(commodity trades)에서 일반적인 수차에 걸쳐 연속적으로 이루어지는 연속매매(string sale)에 적용하기 위함이다.

CFR에서 매도인은 선적항부터 합의된 목적항까지 운송하는 계약을 체결하여야 하며, 이때 물품의 인도는 선적항에서 이루어지고, 그 시점에 위험이 이전된다.

계약서에 항상 목적항을 명시하지만, 위험이 매수인에게 이전되는 선적항은 명시하지 않을 수도 있다. 선적항이 매수인의 관심사항인 경우에는 계약서에 선적항을 가급적 정확하게 명시하는 것이 좋다.

당사자들은 지정 목적항에서 비용의 분담이 이루어지기 때문에 지정 목적항 내의 지점을 가급적 정확하게 지정하는 것이 좋다. 해상운송구간을 복수의 운송인이 담당하는 경우에는 물품이 제1운송인에게 인도될 때 위험이 이전되는 것으로 간주한다.

매도인은 운송계약에 의거 목적항에서 발생한 양하비용을 부담한 경우에 당사자 간에 달리 합의되지 않는 한 그러한 비용을 매수인으로부터 별도로 상환받을 권리가 없다.

CFR에서는 매도인이 수출통관을 해야 하지만 수입통관, 수입관세를 납부하거나 수입통관절차를 수행할 의무가 없다.

비용의 분기점	지정된 목적항에 물품이 도착하였을 때
위험의 분기점	선박에 물품을 적재하였을 때
운송계약	매도인
보험계약	매수인
수출통관	매도인
수입통관	매수인
표기방법	CFR + 지정된 목적항

6. CIF : Cost Insurance and Freight(운임보험료인도조건)

지정된 선적항에서 매수인이 지정한 선박에 물품을 적재하여 인도하거나 이미 그렇게 인도된 물품을 조달하고, 지정된 목적항까지의 운임과 보험료를 매도인이 부담하는 규칙이다. 위험은 물품이 선박에 적재된 때 이전되고, 매도인은 명시된 물품이 실제로 목적지에 양호한 상태로 도착하는지를 불문하고 물품인도의무를 이행한 것으로 된다.

본 규칙은 해상이나 내수로운송방식에만 사용되어야 하며, 물품이 컨테이너터미널에서 운송인에게 인도되는 경우에는 CIF 대신에 CIP 규칙을 사용하는 것이 좋다. 여기서 '조달한다(procure)'고 규정한 것은 특히 일차상품거래(commodity trades)에서 일반적인 수차에 걸쳐 연속적으로 이루어지는 연속매매(string sale)에 적용하기 위함이다.

CIF에서 매도인은 선적항부터 합의된 목적항까지 운송하는 계약을 체결하여야 하며, 이때 물품의 인도는 선적항에서 이루어지고, 그 시점에 위험이 이전된다.

계약서에 항상 목적항을 명시하지만, 위험이 매수인에게 이전되는 선적항은 명시하지 않을 수도 있다. 선적항이 매수인의 관심사항인 경우에는 계약서에 선적항을 가급적 정확하게 명시하는 것이 좋다.

당사자들은 지정 목적항에서 비용의 분담이 이루어지기 때문에 지정 목적항 내의 지점을 가급적 정확하게 지정하는 것이 좋다. 해상운송구간을 복수의 운송인이 담당하는 경우에는 물품이 제1운송인에게 인도될 때 위험이 이전하는 것으로 간주한다.

매도인은 선적항부터 적어도 목적항까지 물품의 멸실이나 훼손과 같은 매수인의 위험에 대해서 보험계약을 체결해야 한다. 만약 목적지 국가가 자국의 보험자에게 부보하도록 요구하는 경우에는 CFR로 매매하는 것을 고려해야 한다. 또한 CIF에서 매도인은 협회적하약관(C)로 보험에 가입해야 하지만, 당사자 간의 합의에 의해 더 높은 수준의 보험에 가입하는 것을 합의할 수 있다.

매도인은 운송계약에 의거 목적항에서 발생한 양하비용을 부담한 경우에 당사자 간에 달리 합의되지 않는 한 그러한 비용을 매수인으로부터 별도로 상환받을 권리가 없다.

CIF에서는 매도인이 수출통관을 해야 하지만 수입통관, 수입관세를 납부하거나 수입통관절차를 수행할 의무가 없다.

비용의 분기점	지정된 목적항에 물품이 도착하였을 때
위험의 분기점	선박에 물품을 적재하였을 때
운송계약	매도인
보험계약	매도인
수출통관	매도인
수입통관	매수인
표기방법	CIF + 지정된 목적항

7. CPT : Carriage Paid To(운송비지급인도조건)

매도인과 계약을 체결한 운송인에게 물품을 인도하거나 이미 그렇게 인도한 물품을 조달하고, 지정된 목적지까지의 운송비를 매도인이 부담하는 규칙이다. 위험은 운송인에게 물품을 인도했을 때 이전되고, 매도인은 명시된 물품이 실제로 목적지에 양호한 상태로 도착하는지를 불문하고 물품인도의무를 이행한 것으로 된다.

본 규칙은 운송방식에 상관없이 사용할 수 있으며, 복수의 운송방식이 사용되는 경우에노 사용할 수 있다.

본 규칙은 물품의 인도장소와 목적지로서 합의된 장소 또는 지점이 중요하며, 당사자들은 매매계약서에 가급적 정확하게 실제 인도장소와 목적지를 지정하는 것이 좋다.

여기서 '조달한다(procure)'고 규정한 것은 특히 일차상품거래(commodity trades)에서 일반적인 수차에 걸쳐 연속적으로 이루어지는 연속매매(string sale)에 적용하기 위함이다.

매도인은 운송계약에 의거 목적지에서 발생한 양하비용을 부담한 경우에 당사자 간에 달리 합의되지 않는 한 그러한 비용을 매수인으로부터 별도로 상환받을 권리가 없다.

CPT에서는 매도인이 수출통관을 해야 하지만 수입통관, 수입관세를 납부하거나 수입통관절차를 수행할 의무가 없다.

비용의 분기점	지정된 목적지에 물품이 도착하였을 때
위험의 분기점	매도인과 계약을 체결한 운송인에게 물품을 인도하였을 때
운송계약	매도인
보험계약	매수인
수출통관	매도인
수입통관	매수인
표기방법	CPT + 지정된 목적지

8. CIP : Carriage and Insurance Paid To
   (운송비보험료지급인도조건)

매도인과 계약을 체결한 운송인에게 물품을 인도하거나 이미 그렇게 인도한 물품을 조달하고, 지정된 목적지까지의 운송비와 보험료를 매도인이 부담하는 규칙이다. 위험은 운송인에게 물품을 인도했을 때 이전되고, 매도인은 명시된 물품이 실제로 목적지에 양호한 상태로 도착하는지를 불문하고 물품인도의무를 이행한 것으로 된다.

본 규칙은 운송방식에 상관없이 사용할 수 있으며, 복수의 운송방식이 사용되는 경우에도 사용할 수 있다.

본 규칙은 물품의 인도장소와 목적지로서 합의된 장소 또는 지점이 중요하며, 당사자들은 매매계약서에 가급적 정확하게 실제 인도장소와 목적지를 지정하는 것이 좋다.

매도인은 선적항부터 적어도 목적항까지 물품의 멸실이나 훼손과 같은 매수인의 위험에 대해서 보험계약을 체결해야 한다. 만약 목적지 국가가 자국의 보험자에게 부보하도록 요구하는 경우에는 CPT로 매매하는 것을 고려해야 한다. 또한 CIP에서 매도인은 협회적하약관 ICC(A)로 보험에 가입해야 하지만, 당사자 간의 합의에 의해 더 낮은 수준의 보험에 가입하는 것을 합의할 수 있다.

여기서 '조달한다(procure)'고 규정한 것은 특히 일차상품거래(commodity trades)에서 일반적인 수차에 걸쳐 연속적으로 이루어지는 연속매매(string sale)에 적용하기 위함이다.

매도인은 운송계약에 의거 목적지에서 발생한 양하비용을 부담한 경우에 당사자 간에 달리 합의되지 않는 한 그러한 비용을 매수인으로부터 별도로 상환받을 권리가 없다.

CIP에서는 매도인이 수출통관을 해야 하지만 수입통관, 수입관세를 납부하거나 수입통관절차를 수행할 의무가 없다.

비용의 분기점	지정된 목적지에 물품이 도착하였을 때
위험의 분기점	매도인과 계약한 운송인에게 물품을 인도하였을 때
운송계약	매도인
보험계약	매도인
수출통관	매도인
수입통관	매수인
표기방법	CIP + 지정된 목적지

9. DAP : Delivered At Place(도착지인도조건)

물품이 지정된 목적지에서 도착운송수단에 실어둔 채 양하준비된 상태로 매수인의 처분에 놓인 때 인도되는 규칙이다. 매도인은 물품을 지정목적지까지 가져가는 데 수반되는 모든 위험과 비용(수입통관비용 제외)을 부담한다.

본 규칙은 운송방식에 상관없이 사용할 수 있으며, 복수의 운송방식이 사용되는 경우에도 사용할 수 있다.

본 규칙은 목적지에서 위험이 매수인에게 이전되므로 가급적 명확하게 목적지점을 명시하는 것이 좋다. 목적지 전의 비용은 매도인이 부담하고 그 후의 비용은 매수인이 부담한다. 매도인은 합의된 목적지까지 운송하는 계약을 체결하거나 운송을 마련하여야 한다.

여기서 '조달한다(procure)'고 규정한 것은 특히 일차상품거래

(commodity trades)에서 일반적인 수차에 걸쳐 연속적으로 이루어지는 연속매매(string sale)에 적용하기 위함이다.

매도인은 도착운송수단으로부터 물품을 양하(unload)할 필요는 없으나 운송계약에 의거 목적지에서 발생한 양하비용을 부담한 경우에 당사자 간에 달리 합의되지 않는 한 그러한 비용을 매수인으로부터 별도로 상환 받을 권리가 없다.

DAP에서는 매도인이 수출통관을 해야 하지만 수입통관, 수입관세를 납부하거나 수입통관절차를 수행할 의무가 없다.

비용의 분기점	지정된 목적지에 물품이 도착하였을 때
위험의 분기점	지정된 목적지에 물품이 도착하였을 때
운송계약	매도인
보험계약	매도인
수출통관	매도인
수입통관	매수인
표기방법	DAP + 지정된 목적지

10. DPU : Delivered At Place Unloaded(도착지양하조건)

물품이 지정된 목적지에서 도착운송수단으로부터 양하된 상태로 매수 인의 처분에 놓인 때 인도되고 위험이 이전되는 규칙이다. 매도인은 물품 을 지정목적지까지 가져가서 양하될 때까지 수반되는 모든 위험과 비용 (수입통관비용 제외)을 부담한다. 매도인이 양하의 위험과 비용을 부담하는 것을 원하지 않는 경우에는 DPU를 피하고 DAP를 사용하여야 한다.

본 규칙은 운송방식에 상관없이 사용할 수 있으며, 복수의 운송방식이 사용되는 경우에도 사용할 수 있다.

본 규칙은 목적지에서 위험이 매수인에게 이전되므로 가급적 명확하게 목적지점을 명시하는 것이 좋다. 목적지 전의 비용은 매도인이 부담하고 그 후의 비용은 매수인이 부담한다. 매도인은 합의된 목적지까지 운송하는 계약을 체결하거나 운송을 마련하여야 한다.

여기서 '조달한다(procure)'고 규정한 것은 특히 일차상품거래(commodity trades)에서 일반적인 수차에 걸쳐 연속적으로 이루어지는 연속매매(string sale)에 적용하기 위함이다.

DPU에서는 매도인이 수출통관을 해야 하지만 수입통관, 수입관세를 납부하거나 수입통관절차를 수행할 의무가 없다.

비용의 분기점	지정된 목적지에 물품이 도착하여 내려졌을 때
위험의 분기점	지정된 목적지에 물품이 도착하여 내려졌을 때
운송계약	매도인
보험계약	매도인
수출통관	매도인
수입통관	매수인
표기방법	DPU + 지정된 목적지

11. DDP : Delivered Duty Paid(관세지급인도조건)

물품이 지정된 목적지에서 수입통관 후 도착운송수단에 실어둔 채 양하준비된 상태로 매수인의 처분에 놓인 때 인도되는 규칙이다. 매도인은 물품을 지정목적지까지 가져가는 데 수반되는 모든 위험과 비용을 부담한다.

본 규칙은 운송방식에 상관없이 사용할 수 있으며, 복수의 운송방식이 사용되는 경우에도 사용할 수 있다.

본 규칙은 인도가 도착지에서 일어나고 매도인이 수입관세와 해당되는 세금의 납부책임을 지므로 11가지 인코텀즈 규칙 중에서 매도인에게 최고수준의 의무를 부과하는 규칙이다.

본 규칙은 목적지에서 위험이 매수인에게 이전되므로 가급적 명확하게 목적지점을 명시하는 것이 좋다. 목적지 전의 비용은 매도인이 부담하고 그 후의 비용은 매수인이 부담한다. 매도인은 합의된 목적지까지 운송하는 계약을 체결하거나 운송을 마련하여야 한다.

여기서 '조달한다(procure)'고 규정한 것은 특히 일차상품거래 (commodity trades)에서 일반적인 수차에 걸쳐 연속적으로 이루어지는 연속매매(string sale)에 적용하기 위함이다.

매도인은 운송계약에 의거 목적지에서 발생한 양하비용을 부담한 경우에 당사자 간에 달리 합의되지 않는 한 그러한 비용을 매수인으로부터 별도로 상환받을 권리가 없다.

DDP에서는 매도인이 수출통관 및 수입통관을 하여야 하고 또한 수입관세를 납부하거나 모든 통관절차를 수행하여야 한다. 따라서 수입통관을 매수인에게 맡기고자 하는 경우에는 DAP나 DPU를 선택하는 것을 고려해야 한다.

비용의 분기점	지정된 목적지에 물품이 도착하였을 때
위험의 분기점	지정된 목적지에 물품이 도착하였을 때
운송계약	매도인
보험계약	매도인
수출통관	매도인
수입통관	매도인
표기방법	DDP + 지정된 목적지

인코텀즈 실무

인코텀즈가 실무적으로 중요한 것은 위험의 이전시점에 따라 수출자와 수입자 중 누가 보험에 들지가 정해지고, 비용의 분담이 어디에서 이루어지느냐에 따라서 원가계산이 달라지기 때문이다. 인코텀즈에서 규정한 위험의 이전시점과 비용의 분담지점에 따라 보험을 누가 들고 원가계산을 어떻게 하는지를 정리해보면 다음과 같다.

1. 보험

물건이 수출국에서 수입국으로 이동하는 동안에 발생하는 사고에 따르는 손해를 보상해주는 적하보험의 경우 수입국에서 위험의 이전이 이루어지는 DAP, DPU, DDP 등 3가지 조건에서는 수출자가 보험에 들고, 수출국에서 위험의 이전이 이루어지는 나머지 조건에서는 수입자가 보험을 들어야 한다. 다만 수출국에서 위험의 이전이 이루어지는 8가지 조건 중 CIF와 CIP 조건에서는 예외적으로 수출자가 수입자를 대신해서 보험에 들도록 규정해 놓고 있다.

따라서 CIF나 CIP 조건으로 계약하면 보험은 수출자가 가입하지만 사고가 났을 때 보상은 수입자가 받게 되므로 수출자는 보험에 가입한 후 보험회사로부터 보험증권을 받아서 직접 또는 은행을 통해서 수입자에게 보내주어야 한다. 인코텀즈 2020에서는 CIF 조건은 협회적하약관 ICC(C), CIP 조건은 협회적하약관 ICC(A)로 보험에 가입하도록 규정해 놓았지만 당사자 간의 합의에 따라 부보조건을 바꿀 수 있다.

CIF와 CIP를 제외한 나머지 9가지 조건에 대해서는 서로 상대방을 위해서 보험에 가입할 의무가 없다고 인코텀즈에 규정해 놓았지만, 위험의 이전시점에 따라 DAP, DPU, DDP 조건에서는 수출자가, EXW, FOB, FAS, FCA, CFR, CPT 조건에서는 수입자가 자신을 위해서 보험에 가입하는 것이 바람직하다.

결론적으로 11가지 정형거래조건 중에서 CIF, CIP, DAP, DPU, DDP 등 5가지 조건 중에 하나로 계약하면 수출자가 보험에 가입하고, 나머지 6가지 조건 중에 하나로 계약하면 수입자가 보험에 가입해야 한다.

2. 원가계산

수출자는 공장도가격에 정형거래조건별로 수출자가 부담해야 하는 부대비용(운송비, 보험료, 통관비 등)을 더해서 수출원가를 계산하고 여기에 수출자의 마진을 더해서 수입자에게 제시하면 된다. 수입자는 수출자가 제시한 가격에다 정형거래조건별로 수입자가 부담해야 하는 부대비용을 더해서 수입원가를 계산한다. 인코텀즈 2020에서 규정한 비용의 분담시점에 따라서 11가지 조건별로 수출자와 수입자가 부담해야 하는 부대비용을 정리하면 다음의 표와 같다.

거래조건	수출국 내륙운송비	수출통관비	해상 (항공)운임	보험료	수입통관비	수입국 내륙운송비
EXW						
FCA	△	○				
FAS	○	○				
FOB	○	○				
CFR	○	○	○			
CIF	○	○	○	○		
CPT	○	○	○			△
CIP	○	○	○	○		△
DAP	○	○	○	○		△
DPU	○	○	○	○		△
DDP	○	○	○	○	○	△

위의 표에서 개별 조건별로 ○ 표시한 항목이 해당 거래조건에서 수출자가 부담해야 할 부대비용을 뜻하며, 빈칸으로 표시한 항목은 수입자가 부담해야 할 부대비용을 뜻한다. 따라서 수출원가를 계산할 때는 개별 조

건별로 공장도가격에다 ○ 표시를 한 부대비용을 더하면 되고, 수입원가는 수출자가 제시한 금액에다 빈칸으로 표시한 부대비용을 더해서 계산하면 된다.

예를 들어 CIF 조건으로 거래한다면, 수출자는 수출국내륙운송비, 수출통관비, 해상(항공) 운임, 보험료 등을 더해서 수출원가를 계산하고, 수입자는 수출자가 제시하는 가격에다 수입통관비, 수입국내륙운송비 등을 더해서 수입원가를 계산하면 된다.

위의 표에서 △로 표시한 것은 발생할 수도 있고 발생하지 않을 수도 있다는 뜻이다. 즉 FCA 조건에서 인도장소가 공장이나 창고인 경우에는 수출자가 수출국내륙운송비를 부담할 필요가 없으며, CPT, CIP, DAP, DPU, DDP 조건에서 인도장소가 항구인 경우에는 수입국의 내륙운송비를 부담할 필요가 없다.

3. 정형거래조건의 선택

실제 거래에서 어떤 정형거래조건을 적용할지는 수출자와 수입자의 합의에 따른다. 일반적으로 수출자가 임의의 거래조건(주로 FOB나 CIF)을 적용한 가격을 산출해서 수입자에게 제시하면, 수입자는 거래조건을 그대로 두고 가격만 네고하거나, 다른 거래조건으로의 변경을 요청할 수도 있다.

수입자가 거래조건의 변경을 요청할 경우 수출자는 수입자가 원하는 거래조건을 적용한 가격을 새로 산출하여 제시해야 한다. 예를 들어 FOB 조건으로 가격을 제시했는데 CIF 조건으로 바꿔달라고 하면 이미 제시했던 가격에다 목적항까지의 해상운임과 보험료를 더해서 제시하면 된다.

수출자의 입장에서 보면 거래조건에 따라 자신이 부담해야 하는 비용 및 위험을 반영한 가격을 수입자로부터 지급받게 되므로 어떤 거래조건을 적용하는 것이 유리 또는 불리하다고 단정할 수는 없다. 다만 비용 및 위험을 부담하는 구간이 큰 거래조건일수록 그만큼 신경을 많이 써야 하고 운송계약이나 보험계약에 따르는 일거리가 늘어나게 되므로 불편하다고 할 수 있다.

수입자의 입장에서도 어떤 거래조건을 적용하는 것이 유리 또는 불리하다고 단정할 수는 없으나, 수출자가 비용 및 위험을 부담하는 구간이 클수록 수입자로서는 그만큼 신경을 덜 써도 되고 운송계약이나 보험계약에 따르는 일거리도 줄어들게 되어 편리하다고 할 수 있다.

다만 수입자가 상대적으로 대기업이거나 수입물량이 많아서 운송계약이나 보험계약을 좀 더 유리한 조건으로 체결할 수 있다면 가급적 FOB와 같이 운송비나 보험료가 포함되지 않은 거래조건으로 계약함으로써 운송비나 보험료를 절약할 수 있다.

반대로 수출자가 상대적으로 대기업이거나 수출물량이 많아서 운송계약이나 보험계약을 유리한 조건으로 체결할 수 있다면 가급적 CIF와 같이 운송비나 보험료가 포함된 거래조건으로 계약하는 것이 바람직하다.

인코텀즈에서 규정한 대로 FOB, CFR, CIF 등의 거래조건은 해상 및 내수로 운송에만 사용할 수 있는 조건이며, 항공운송의 경우에는 FOB 대신에 FCA, CFR 대신에 CPT, CIF 대신에 CIP를 각각 사용해야 한다.

또한 해상운송인 경우라도 컨테이너에 탑재하여 운송할 때는 선박에 적재하여 인도하는 대신 선적항의 컨테이너 터미널에서 운송인에게 인도하는 것이 일반적이므로 FOB 대신에 FCA, CFR 대신에 CPT, CIF 대신에 CIP를 사용하는 것이 바람직하다.

위에 언급한 내용에도 불구하고 무역현장에서는 아직도 운송방식과 상관없이 FOB, CFR, CIF 조건을 사용하는 경우가 많으며, 이때 FOB 조건은 FOB 뒤에 명시된 지점까지 발생한 비용을 가격에 포함시키는 것으로 간주하고, CFR 및 CIF 조건에서는 CFR, CIF 뒤에 명시된 지점까지 발생한 비용을 가격에 포함시키는 것으로 간주한다.

한편 당사자 간의 합의에 따라 EXW Loaded, FOB ST LSD, DDP VAT Excluded와 같은 변형조건을 사용할 수 있다. EXW Loaded는 공장이나 창고와 같은 지정된 장소에서 물품을 적재하여 인도하는 변형조건이고, FOB ST LSD(Stowed and Trimmed, Lashing/Securing/Dunnaging)는 선박에 물품을 적재한 후 정돈해서 고정시킨 상태로 인도하는 변형조건이며, DDP VAT Excluded는 수입자가 부가세를 환급받을 수 있도록 DDP 조건에서 수출자가 부담해야 할 비용 중에서 부가세를 제외시키는 변형조건이다.

4. 인코텀즈의 법적 구속력

　인코텀즈는 UN에서 제정한 국제협약이 아니므로 법적 구속력을 갖게 하기 위해서는 계약서에 아래 인용한 문구와 같이 거래당사자 간에 거래 조건에 대한 해석을 인코텀즈에 따른다는 취지의 조항을 포함시키는 것이 좋다.

　All trade terms provided in this contract shall be interpreted in accordance with the latest Incoterms of the International Chamber of Commerce.

결제방식

결제방식 개요

1. 결제방식의 이해

결제방식이란 무역거래에 따르는 대금결제를 어떻게 하느냐 하는 것이다. 계약조건 중에서 가장 합의하기 힘든 것이 바로 결제방식이다. 실제 협상과정에서 가격을 포함한 모든 계약조건에 합의가 됐는데도 불구하고 결제방식에 대한 합의가 이루어지지 않아서 계약이 무산되는 경우가 허다하다. 특히 거래를 처음 시작하는 경우 결제방식에 합의하기가 쉽지 않다.

결제방식에 합의하기가 힘든 이유는 서로 상대방을 믿을 수 없기 때문이다. 수출자는 수입자를 믿을 수 없기 때문에 물품대금을 먼저 보내라고 하고, 수입자는 수출자를 믿을 수 없기 때문에 물품을 먼저 실어 보내라고 우기다가 계약체결에 실패하는 것이다.

따라서 거래 내용이나 시장상황, 거래처와의 관계 등을 고려하여 적합한 결제방식에 합의하는 것이 중요하며 그러기 위해서 무역거래에서 사용하는 다양한 결제방식의 내용을 정확히 이해해둘 필요가 있다.

2. 결제방식의 종류

일반적인 무역거래에 주로 사용하는 결제방식으로는 송금방식, 신용장방식, 추심방식 등이 있다.

송금방식은 수입자가 수출자의 은행계좌로 물품대금을 송금하는 방식을 뜻하며, 주로 전신환(T/T; Telegraphic Transfer)으로 송금이 이루어지기 때문에 T/T 또는 'wire transfer'라고 부른다. 송금방식으로 물품대금을 주고받는 절차와 방법은 국내에서 돈을 보내고 받는 것과 크게 다르지 않다.

즉 수출자는 수입자에게 자신의 은행과 계좌번호를 알려주면 되고, 수입자는 자신의 거래은행에 수출자의 은행계좌로 물품대금을 송금해달라고 요청하면 된다. 다만 서로 다른 통화를 사용하는 국가 간의 거래이기 때문에 송금 및 입금과정에서 환전과정을 거친다는 점이 국내에서 송금할 때와 다른 점이라고 할 수 있다.

송금방식은 물품대금을 보내고 받는 것은 편리하지만, 문제는 물품대금을 언제 보내고 언제 받느냐 하는 것이다. 수출자는 물품대금부터 보내라고 하고 수입자는 물품부터 실어 보내라고 우기기 십상이어서 송금시점에 합의하기가 쉽지 않다. 이런 문제점을 해결하기 위해서 사용하는 것이 신용장방식이다.

신용장(L/C; Letter of Credit)은 수입자를 대신해서 수입자가 거래하는 은행에서 수출자에게 물품대금을 지급하겠다고 약속하는 증서라고 정의할 수 있다. 즉 수출자의 입장에서 수입자가 물품대금을 지급하겠다고 하는 것을 믿을 수 없기 때문에 수입자를 대신해서 믿을 수 있는 은행에서 대금지급을 약속하는 것이다.

신용장방식에서 은행은 수입자와 상관없이 수출자에게 물품대금을 지급하겠다고 약속한다. 즉 수입자가 물품대금을 지급하는지 여부와 상관없이 은행이 책임지고 물품대금을 지급하는 것이다. 다만 은행의 입장에서 무조건 물품대금을 지급하는 건 아니고 수출자가 신용장에서 요구하는 조건을 충족시켜야만 물품대금을 지급하게 된다. 신용장에서 수출자에게 요구하는 주요 조건은 다음과 같다.

요구조건	내용
Description	신용장에 명기된 물품을 실어야 한다.
Latest Date of Shipment	신용장에 명기된 최종선적기일 내에 물품을 실어야 한다.
Documents Required	신용장에 명기된 서류를 제출해야 한다.
Date of Expiry	신용장에 명기된 유효기일 내에 서류를 제출해야 한다.

따라서 수출자는 신용장을 받고 나서 신용장에 명기된 주요조건들을 확인한 후 최종선적기일 내에 물품을 선적한 다음 신용장에서 요구하는 서류들을 준비해서 유효기일 내에 제출하고 물품대금을 지급받으면 된다. 신용장에 관한 보다 자세한 내용은 다음 장에서 다루기로 한다.

추심방식이란 수출자의 요청에 따라 은행이 수입자로부터 물품대금을 받아서 전해주는 방식을 뜻한다. 이 때 은행은 단지 수입자가 지급한 물품대금을 수출자에게 전달해주는 역할만 할 뿐 신용장처럼 수입자를 대신해서 대금지급을 약속하지는 않는다.

따라서 추심방식의 거래에서 수입자가 대금을 지급하지 않으면 수출자는 물품대금을 받을 수가 없다.

결제방식별 특징 및 업무의 흐름

 이상에서 살펴본 주요 결제방식별로 실제로 업무가 어떤 식으로 이루어지는를 알아보기로 하자. 우선 수출자는 물품을 선적하고 자신이 발행한 상업송장(Commercial Invoice)과 포장명세서(Packing List)를 선박회사에서 발행하는 화물인수증인 선하증권(B/L; Bill of Lading)과 함께 수입자에게 보내주어야 한다.

 수입자는 선하증권이 있어야 선박회사로부터 물품을 인도받을 수 있고, 상업송장과 포장명세서가 있어야 수입통관이 가능하기 때문이다. 이들 서류에 대한 구체적인 내용은 차후에 따로 다루기로 한다.

 서류를 보내주는 경로는 결제방식에 따라 달라진다. 즉 다음 그림에서 보듯이 송금방식에서는 수출자가 직접 수입자에게 서류를 보내주고, 신용장방식이나 추심방식의 경우에는 은행을 통해서 서류를 보내준다.

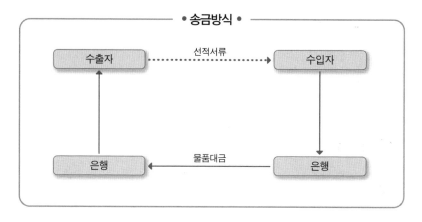

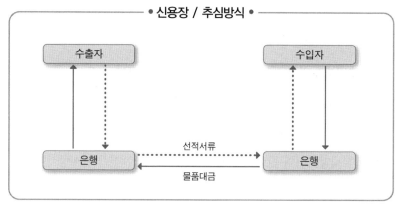

결제방식별 특성 및 구체적인 업무의 흐름은 다음과 같다.

1. 송금방식

　송금방식은 물품대금을 언제 송금하느냐에 따라 사전송금방식과 사후
송금방식으로 나누어진다. 사전송금방식이란 물품이 선적되기 전에 미리

대금을 송금해주는 방식을 뜻하며, 사후송금방식이란 선적 후 또는 물품이 도착한 후에 대금을 송금해주는 방식을 뜻한다. 송금방식의 특성 및 업무의 흐름은 다음과 같다.

1) 사전송금방식

사전송금방식은 ① 수출자와 수입자 간의 계약, ② ③ ④ 수출자의 은행계좌로 물품대금 송금, ⑤ ⑥ 수출자가 물품 선적하고 선박회사로부터 B/L 수취, ⑦ 수입자에게 서류 송부, ⑧ 수입자가 선박회사에 B/L 제시하고 물품인수와 같은 순서로 업무가 진행된다.

사전송금방식의 거래는 ④번까지만 진행되고 끝날 수 있다. 즉 수입자가 미리 대금을 송금했는데도 수출자가 물품을 선적하지 않는 경우다. 이런 경우 수입자로서는 대금만 지급하고 물품을 받을 수 없게 되므로 가장 위험한 결제방식이며 반대로 수출자에게는 가장 안전한 결제방식이라고 할 수 있다.

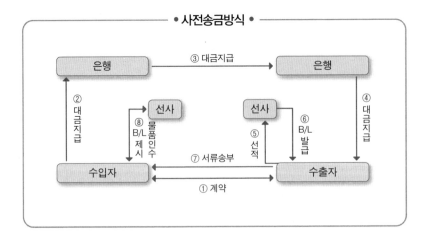

사전송금방식은 거래금액이 작거나 수출자의 신용이 확실한 경우에 제한적으로 사용되며 거래금액이 크거나 수출자의 신용이 불확실한 경우에는 사용하기가 곤란한 결제방식이다.

2) 사후송금방식

사후송금방식은 ① 수출자와 수입자 간의 계약, ② ③ 수출자가 물품 선적하고 선박회사로부터 B/L 수취, ④ 수출자가 수입자에게 서류 송부, ⑤ 수입자가 선박회사에 B/L 제시하고 물품 인수, ⑥ ⑦ ⑧ 수입자가 수출자의 은행계좌로 물품대금 송금과 같은 순서로 업무가 진행된다. 구체적인 송금시점은 계약을 체결할 때 바이어와 셀러 간에 합의하며, 30 days from B/L date, 60 days from invoice date 등과 같이 표시한다.

사후송금방식의 거래는 ⑤번까지만 진행되고 끝날 수 있다. 즉 수입자가 물품을 인수한 후 약속한 날짜에 물품대금을 송금하지 않는 경우다.

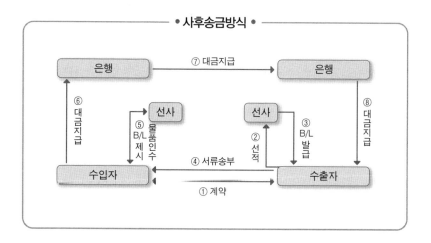

이런 경우 수출자로서는 물품을 돌려받을 수도 없고 물품대금도 받을 수 없으므로 가장 위험한 방식이며 반대로 수입자에게는 가장 안전한 방식이라고 할 수 있다.

사후송금방식이 수출자로서는 위험한 방식임에 틀림없으나 수입자와의 관계를 고려하여 받아들일 수밖에 없는 결제방식이기도 하다. 즉 처음에는 신용장방식으로 거래를 시작했더라도 거래가 지속되면 자연스럽게 수입자가 사후송금방식의 거래를 요구하기 마련이어서 수출자로서는 거래관계를 유지하기 위해서 사후송금방식을 받아들여야 하는 상황에 처하게 된다.

3) 혼합방식

두 가지 이상의 방식을 혼합한 결제방식을 뜻한다. 예를 들어 대금의 일부는 사전송금방식으로 결제하고 나머지는 사후송금방식 또는 신용장방식이나 추심방식으로 결제하는 방식을 뜻하며 수출자와 수입자가 위험부담을 나누기 위한 방편으로 사용한다.

또한 계약금액이 크고 대금회수에 시간이 많이 걸리는 선박이나 대형기계, 설비류의 경우 주문과 동시에 대금의 일부를 결제하고 선적시, 도착시 등과 같이 수차례에 나누어 결제하는 혼합결제방식을 사용하기도 한다.

2. 신용장방식

신용장방식은 ① 수출자와 수입자 간의 계약, ② ③ 수입자의 신청에 의거 수입자의 거래은행에서 신용장 개설, ④ 통지은행(주로 수출자의 거래은행)을 통해서 수출자에게 신용장 통지, ⑤ ⑥ 수출자가 물품을 선적하고 선박회사로부터 B/L 수취, ⑦ 수출자가 매입은행(주로 수출자의 거래은행)에 서류를 제시하고 물품대금 수취, ⑧ 매입은행에서 개설은행에 서류 송부하고 대금 수취, ⑨ 수입자가 개설은행에 물품대금을 지급하고 선적서류 수취, ⑩ 수입자가 선박회사에 B/L 제출하고 물품인수와 같은 순서로 업무가 진행된다.

신용장방식은 ⑧번까지만 진행되고 끝날 수 있다. 즉 선적서류가 도착했는데도 수입자가 대금을 지급하지 않는 경우다. 이런 경우 신용장을 개설해준 은행에서는 수출자에게 책임을 전가할 수 없기 때문에 자체적으로 물건을 처분할 수밖에 없다. 이 때 은행의 입장에서는 물건을 제값을

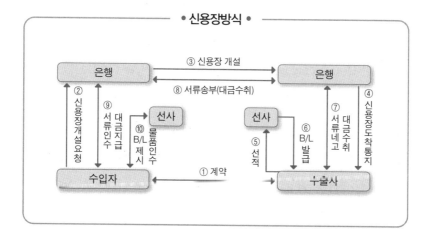

받고 처분하기가 힘들거나 아예 처분이 불가능한 경우도 있으므로 애초에 신용장을 개설할 때 수입자로부터 담보를 확보해두었다가 수입자가 대금지급을 거절하면 담보를 처분해서 손해를 보전한다.

신용장방식은 다른 결제방식에 비해 수수료 부담이 크고 처리과정이 복잡하다는 단점이 있으나, 은행의 책임 아래 대금지급이 이루어짐으로써 처음 거래를 시작하거나 거래금액이 큰 경우, 수입자의 신용이 불확실한 경우에 주로 사용한다.

3. 추심방식

추심방식은 D/P와 D/A로 나누어진다. D/P란 Documents against Payment의 약자로서 추심은행에서 수입자가 물품대금을 지급해야만 서류를 인도하는 방식을 뜻한다. 수입자는 서류가 있어야만 물품을 찾을 수 있기 때문에 수출자는 최악의 경우 물품대금은 받지 못하더라도 물품은 확보할 수 있다.

D/A란 Documents against Acceptance의 약자로서 추심은행에서 수입자로부터 일정기간 후에 물품대금을 지급하겠다는 약속만 받고 서류를 인도하는 방식을 뜻한다. D/A방식의 거래에서 수입자가 물품대금을 지급하는 시기는 수출자와 수입자 간의 매매계약시에 별도로 합의한다.

예를 들어 D/A 90 days from B/L date라고 하면 선하증권발행일로부터 90일 후에 물품대금을 지급한다는 뜻이다.

D/P와 D/A의 특성 및 구체적인 업무절차는 다음과 같다.

1) D/P(Documents against Payment)

D/P방식은 ① 수출자와 수입자 간의 계약, ② ③ 수출자가 물품을 선적하고 선박회사로부터 B/L 수취, ④ 수출자가 추심의뢰은행(주로 수출자의 거래은행)에 선적서류를 제출하고 추심의뢰, ⑤ 추심의뢰은행에서 추심은행(주로 수입자의 거래은행)에 선적서류를 송부하고 추심의뢰, ⑥ ⑦ 추심은행에서 수입자로부터 물품대금을 수취하고 선적서류를 인도, ⑧ 수입자가 선박회사에 B/L 제시하고 물품인수와 같은 순서로 업무가 진행된다.

D/P방식의 거래는 ⑤번까지만 진행되고 끝날 수 있다. 즉 D/P계약에 의거 수출자가 물품을 선적했는데도 불구하고 수입자가 물품대금을 지급하지 않는 경우다. 이런 경우 추심은행에서는 수입자에게 선적서류를 인도하지 않으므로 수입자는 물품을 인수할 수 없다. 이 때 수입국에 도착

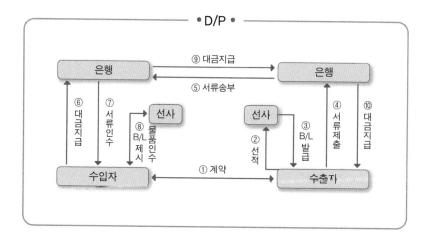

한 물품은 수출자가 도로 싣고 가든지, 수입국의 다른 수입상에게 팔아야 한다. 어떤 경우라도 수출자로서는 금전적인 손해를 감수할 수밖에 없다. 도로 싣고 가려면 추가발생 비용을 부담해야 하고, 다른 수입상에게 팔기 위해서는 가격을 깎아주어야 하기 때문이다.

이와 같이 D/P방식의 거래는 은행에서 대금지급을 책임지지 않기 때문에 수출자의 입장에서는 수입자가 물품대금을 지급하지 않을 경우 손해를 감수할 수밖에 없다. 하지만 수입자가 물품대금을 지급하지 않고서는 물품을 인수할 수 없기 때문에 물품대금을 지급하지 않고 물품을 인수하는 사후송금방식이나 D/A방식보다는 상대적으로 덜 위험한 방식이라고 할 수 있다.

2) D/A(Documents against Acceptance)

D/A방식은 ① 수출자와 수입자 간의 계약, ② ③ 수출자가 물품을 선적하고 선박회사로부터 B/L 수취, ④ 수출자가 추심의뢰은행(주로 수출자

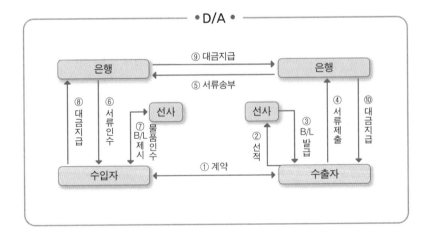

의 거래은행)에 선적서류를 제출하고 추심의뢰, ⑤ 추심의뢰은행에서 추심
은행(주로 수입자의 거래은행)에 선적서류를 송부하고 추심의뢰, ⑥ 추심은
행에서 수입자로부터 일정기간 후에 물품대금을 지급하겠다는 약속을 받
고 서류를 인도, ⑦ 수입자가 선박회사에 B/L 제시하고 물품인수, ⑧ ⑨ ⑩
수입자가 약속한 기일에 물품대금을 지급과 같은 순서로 업무가 진행된다.

D/A방식의 거래는 ⑦번까지만 진행되고 끝날 수 있다. 즉 수입자가 물
품을 인수하고 대금결제를 약속한 날짜에 물품대금을 지급하지 않는 경
우다. 이런 경우 은행에서 대금지급을 책임지지 않기 때문에 수출자로서
는 막대한 손해를 감수해야 한다. 따라서 D/A방식은 수입자의 신용이 확
실한 경우나 본지사 간의 거래에만 제한적으로 사용할 수 있다.

D/A와 사후송금방식의 차이점

사후송금방식이나 D/A방식 모두 은행에서 대금지급을 보증하지 않는다는
점에서는 같지만 사후송금방식은 수출자가 물품을 선적하고 선적서류를
직접 수입자에게 보내는 반면에 D/A방식에서는 수출자가 물품을 선적하
고 선적서류를 은행을 통해서 보낸다는 것이 다르다.

또한 D/A방식에서는 선적서류를 보낼 때 수출자가 수입자를 지급인으로
명시한 환어음을 발행하고 수입자가 선적서류와 함께 환어음을 인수함으
로서 만기에 수입자가 결제를 하지 않으면 어음법에 의해서 처벌을 받을
수 있으므로 사후송금방식보다는 좀 더 수입자를 압박하는 효과를 기대할
수 있다.

4. 기타 결제방식

위에 설명한 송금, 신용장, 추심결제방식 외에 COD, CAD, O/A, 팩토링, 포페이팅 등의 방식이 있으며 주요 내용은 다음과 같다.

1) COD(Cash On Delivery)

COD방식은 ① 수출자와 수입자 간의 계약, ② 수출자가 물품을 선적하고 수입국에 주재하는 자신의 지사나 에이전트에게 선적서류 송부, ③ 지사나 에이전트가 물품을 수입통관하여 보관하고 수입자가 물품확인, ④수입자가 대금을 결제하고 물품을 인수, ⑤ 지사나 에이전트가 수출자에게 대금송금과 같은 순서로 업무가 진행된다.

COD방식의 거래에서 선하증권상의 수하인(consignee)은 수입국에 있는 수출자의 지사나 대리인 또는 그들의 지시식으로 발행되며, 후자의 경우에는 수입자가 대금을 결제하고 B/L을 양도받아서 물품을 인수한다.

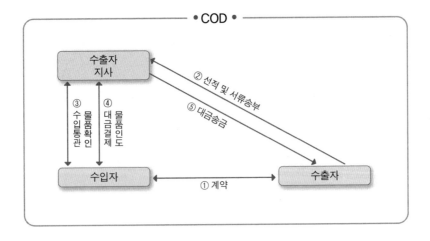

COD방식의 거래는 물품의 인도와 동시에 대금이 결제되므로 현물상환방식이라고도 부르며, 수출자의 입장에서 보면 물품이 선적된 후에 대금의 결제가 이루어지므로 사후송금방식으로 분류하기도 한다.

COD방식은 수입국에 수출자의 지사나 에이전트가 있고 귀금속과 같은 고가품으로서 품질을 직접 확인할 필요가 있는 품목의 거래에 주로 사용되며, 수입자의 입장에서는 물품을 확인한 후에 대금을 결제하면 되므로 안전하지만 수출자의 입장에서는 수입자가 물품인수를 거부할 경우에 손해를 감수해야 한다.

2) CAD(Cash Against Documents)

CAD방식은 ① 수출자와 수입자 간의 계약, ② 수출국에 주재하는 수입자의 지사나 에이전트가 선적 전 물품검사, ③ 수출자가 물품선적, ④ 수입자의 지사나 에이전트가 대금을 결제하고 선적서류 인수, ⑤ 수입자의 지사나 에이전트가 선적서류를 수입자에게 송부와 같은 순서로 업무

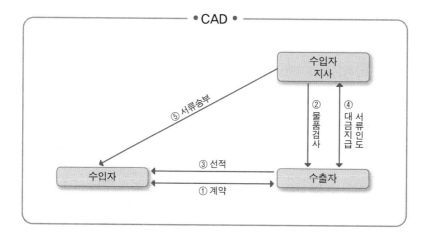

가 진행된다.

CAD방식의 거래는 서류와 상환하여 대금결제가 이루어지므로 서류상
환방식이라고도 부르며, 수출자의 입장에서 보면 물건이 선적된 후에 대
금의 결제가 이루어지므로 사후송금방식으로 분류하기도 한다.

CAD방식의 거래는 수입자의 입장에서 보면 선적 전에 물품의 품질을
확인할 수 있어서 안전한 방식이나, 수출자의 입장에서 보면 선적이 이루
어진 후에 수입자가 대금결제를 거부할 경우에 손해를 감수해야 한다.

한편 수출자가 선적서류를 수입자의 지사나 에이전트 대신에 수입자의
거래은행으로 송부하고 수입자로 하여금 대금결제와 동시에 선적서류를
인수토록 하는 방식을 European D/P라고 하며, 인지세 부담을 덜기 위
해서 환어음을 발행하지 않고 수출자가 직접 수입자의 거래은행으로 선
적서류를 송부한다.

3) OA(Open Account)

이론적으로는 수출대금을 건별로 계산하지 않고 일정기간 동안의 거래
내역을 장부에 기장한 후 장부마감일에 서로 상계할 것은 상계하고 차액
만을 지급하는 상호계산방식을 뜻하지만 실무적으로는 건별 수출대금을
일정기간 후에 결제하는 사후송금방식의 경우에도 OA라는 용어를 사용
한다.

OA방식은 물품을 선적하고 수입자에게 선적 사실을 통보함과 동시에
외상채권이 성립된다는 의미에서 선적통지부사후송금방식이라고도 부르
며, 수출자는 은행과 약정을 맺고 수출채권을 매각함으로서 수출대금을

미리 지급받을 수 있다.

OA방식에서 수출자가 은행에 외상채권을 매각하고 수출대금을 지급받는 것을 실무적으로 'OA 네고'라고 부르며, 선적서류 원본은 수입자에게 발송하고 은행에는 사본을 제출한다. 약정한 기일에 수입자가 대금을 결제하지 않으면 이미 지급받은 대금을 은행에 반납해야 한다.

수출자의 입장에서 대금회수에 대한 보장이 없으므로 본지사간이나 신용이 확인된 수입자와의 거래에 한하여 제한적으로 활용할 수 있으며, 은행의 입장에서는 수출자에 대한 대출에 해당하므로 신용도가 좋은 일부 기업에 한해서 OA 네고를 허용한다.

앞에 소개한 COD, CAD, OA와 같은 용어는 업체에 따라서 각기 다른 뜻으로 해석하기도 하며, 그냥 T/T방식이라고 부르기도 한다. 따라서 송금방식의 경우에는 명칭과 상관없이 거래 상대방과 대금결제시기나 절차 등에 대해서 명확하게 합의해 두는 것이 바람직하다.

4) 팩토링(Factoring)

팩토링방식은 수출자가 수입자에게 무신용장 방식으로 외상수출한 후 수출채권을 팩토링회사에 일괄 양도하고 팩토링회사로부터 수출대금의 전부 또는 일부를 미리 지급받는 방식으로서 다음과 같은 순서로 업무가 진행된다.

① 수출자와 수입자 간의 계약, ② 수출자가 물품을 선적, ③ 수출자가 수출팩토링 계약을 체결한 수출팩터에게 선적서류를 제출하고 수출채권

을 수출팩터에게 양도, ④ 수출팩터가 수출자에게 수출대금을 선지급, ⑤ 수출팩터가 수입자와 수입팩터계약을 체결한 수입팩터에게 선적서류 송부, ⑥ 수입팩터가 수입자에게 서류인도, ⑦ 수입자가 물품인수하고 약정된 기일에 수입팩터에 대금결제, ⑧ 수입팩터가 수출팩터에게 대금송금

팩토링방식에서는 수출국팩토링회사(Export Factor)가 고객으로부터 기한부 어음을 매입하여 외국의 금융기관에 매도하는 방법으로 금융이 제공되며, 수입국팩토링회사(Import Factor)는 수입자에 대한 신용조사, 수출채권의 관리 및 수입자로부터의 대금회수 서비스 등을 제공한다.

수입팩터가 수입자에 대한 신용을 승인하면, 수입자의 클레임이 제기되지 않는 한 수출자는 해당 신용승인 한도 내에서 대금지급을 보장받는다. 따라서 수출자는 외상수출로 인한 대금회수 불안에서 벗어날 수 있으며 해당 외상수출채권을 수출팩터에게 양도함으로써 조기에 수출대금을 회수할 수 있다. 다만 물품에 하자가 있거나 수출자가 계약조건을 위반하여 수입자가 대금지급을 거절하는 경우에는 수입팩터가 물품대금의 지급

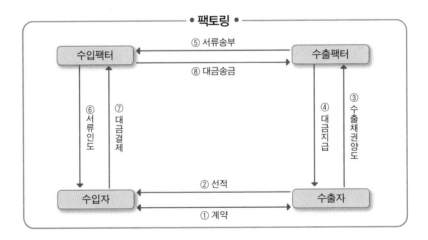

을 거절할 수 있다.

한편 수입자의 입장에서는 외상수입이 가능하고 수입대금을 결제하기 전에 물품의 품질을 확인할 수 있어 안심하고 수입할 수 있다.

팩토링방식은 30만 달러 이하의 소액거래면서 외상기간이 1년 이하일 때 주로 사용된다.

5) 포페이팅(Forfaiting)

포페이팅이란 수출자가 무역거래에서 발생하는 장기외상채권을 포페이터(forfaiter)에게 할인양도하는 방식으로서 대금결제방식이라기보다는 금융기법의 일종이라고 할 수 있다. 포페이터는 신용장 또는 보증은행(수입자의 거래은행)에서 발행하는 지급보증서나 보증(Aval)을 믿고 해당 외상채권을 매입한 후 채권 만기에 원리금을 지급받는다.

여기서 보증(Aval)이란 장기외상채권과 관련하여 수출자가 발행한 환어음이나 수입자가 발행한 약속어음의 지급을 보증한다는 의미로 어음의

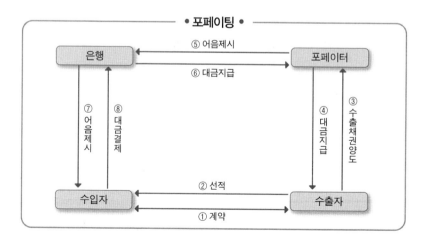

뒷면에 "Aval"이라고 표시하는 것을 뜻한다. 포페이팅방식은 다음과 같은 순서로 업무가 진행된다.

① 수출자와 수입자 간의 계약, ② 수출자가 물품을 선적, ③ 수출자가 포페이팅 계약을 체결한 포페이터에게 수출채권 양도, ④ 포페이터가 수출자에게 수출대금 지급, ⑤ 포페이터가 만기일에 보증은행에 어음 제시, ⑥ 보증은행에서 포페이터에게 대금지급, ⑦ 보증은행에서 수입자에게 어음제시, ⑧ 수입자가 보증은행에 대금결제

포페이팅 방식에서 포페이터는 수출자에게 상환청구권을 행사하지 않는 조건으로 외상채권을 매입한다. 따라서 수출자는 수입자의 도산, 신용장개설은행의 파산, 수입국가의 디폴트(default) 등의 사유로 대금회수가 불가능하게 되어도 이미 지급받은 수출대금을 반환할 의무가 없다. 단 수입지 법원의 지급정지가처분(court injunction)에 의한 만기부도의 경우는 예외로 한다.

포페이팅은 100만 달러 이상의 거액이면서 외상기간이 장기(1년~10년)인 자본재 거래에 주로 사용된다.

팩토링과 포페이팅의 차이를 요약하면 다음과 같다.

구분	팩토링	포페이팅
결제기간	단기(1년 이내)	장기(1년 이상)
거래금액	소액(30만 달러 미만)	거액(100만 달러 이상)
결제방식	무신용장방식	환어음 또는 약속어음 발행
지급보증	수입팩터	수입자의 거래은행
소구권	소구권 유무 둘 다 가능	소구권 없음

6) 소액결제방식

샘플대금이나 소액거래대금의 결제는 은행을 통한 송금이나 수표 외에 다음과 같은 방식을 활용한다.

• 웨스턴유니온 송금

미국의 송금전문업체인 Western Union이 전 세계 가맹점(은행, 백화점, 우체국)을 통해서 제공하는 송금서비스방식

• 페이팔(PayPal)

인터넷을 이용한 결제서비스로서 페이팔 계좌끼리 또는 신용카드를 이용하여 송금하는 방식

• KOPS

KOTRA Online Payment Service의 약자이며, KOTRA가 제공하는 서비스로서 수입자의 신용카드로 소액수출대금을 지급받는 방식

외환

1. 외환의 정의

환(exchange)이란 대금결제를 현금으로 하지 않고 금융기관에 지급을 위탁하는 방식으로 처리하는 수단 또는 그 방식을 뜻하며, 외환(foreign exchange)이란 서로 다른 국가 간의 대금결제에 사용하는 환을 뜻한다.

우리나라의 외국환거래법에서는 외국환을 대외지급수단, 외화증권 및 외화채권으로 정의하고 있다. 여기서 대외지급수단이란 외국통화, 외국통화로 표시된 지급수단, 기타 표시통화에 상관없이 외국에서 사용할 수 있는 지급수단을 의미한다.

2. 외환의 종류

1) 매도환과 매입환

외국환은행에서 외국환을 파는 것을 매도환이라고 하고 매입하는 것을 매입환이라고 한다.

2) 송금환과 추심환

송금환이란 채무자인 수입자가 채권자인 수출자에게 물품대금을 지급하기 위해서 은행에 송금을 의뢰하는 방식으로서 순환이라고 한다.

추심환이란 채권자인 수출자가 은행에 추심을 의뢰하여 물품대금을 회수하는 방식으로서 역환이라고 한다.

3) 당발환과 타발환

채권자로부터 송금 또는 추심을 의뢰받은 은행을 당발은행이라고 하며 당발은행의 입장에서 보는 것을 당발환이라고 한다. 또한 당발은행의 상대은행을 타발은행이라고 하며 타발은행의 입장에서 보는 것을 타발환이라고 한다.

따라서 송금환과 추심환은 당발송금환과 타발송금환, 당발추심환과 타발추심환으로 구분할 수 있다.

4) 보통환과 전신환

외국환을 우편을 통해서 보내는 것을 우편환이라고 하고 전신을 통해서 보내는 것을 전신환이라고 한다.

5) 현물환과 선물환

계약일로부터 2영업일 이내에 외환의 결제가 이루어지는 것을 현물환이라고 하고, 2영업일 이후 특정한 만기일에 외환의 결제가 이루어지는 것을 선물환이라고 한다.

3. 환율

환율이란 서로 다른 통화의 교환비율을 뜻하며 우리나라 외국환은행에서 고시하는 대고객매매율은 다음과 같다.

- **현찰매입률** – 고객이 은행에 현찰을 팔 때 적용하는 환율
- **여행자수표 매입률** – 고객이 은행에 여행자수표를 팔 때 적용하는 환율
- **전신환매입률** – 고객이 외국에서 송금된 돈을 지급받을 때 적용하는 환율
- **매매기준율** – 현물환거래량을 가중 평균하여 산출하는 시장평균환율로서 정부에서 고시하는 환율
- **전신환매도율** – 고객이 외국에 송금할 때 적용하는 환율
- **여행자수표 매도율** – 고객이 은행에서 여행자수표를 살 때 적용하는 환율

• **현찰매도율** – 고객이 은행에서 현찰을 살 때 적용하는 환율

　한편 기축통화(우리나라의 경우 미 달러화)와 다른 외국통화간의 환율을 크로스환율(cross rate)이라고 하며, 미 달러화 이외의 통화와 원화의 환율을 재정환율(arbitrated rate)이라고 한다.

환어음

draft, bill of exchange

국내거래에서 사용하는 어음은 통상 돈을 지급할 사람이 받을 사람에게 언제까지 돈을 지급하겠다고 약속하는 의미로 발행한다. 이와 반대로 무역거래에서 사용하는 환어음은 돈을 받을 사람인 수출자가 돈을 줄 사람인 수입자 또는 은행 앞으로 발행한다.

여기서 환어음이란 채권자가 채무자에게 어음에 기재된 금액을 어음상의 권리자(지명인 또는 소지인)에게 지급할 것을 위탁하는 증권을 뜻한다.

화환어음(documentary bill of exchange)이란 환어음에 화물이 실렸다는 증거인 운송서류(B/L 또는 AWB)를 첨부하여 제출하는 어음을 뜻하며, 화환신용장(documentary credit)이란 화환어음을 요구하는 신용장을 뜻한다.

환어음은 결제방식이 신용장방식이거나 추심방식일 경우에 발행되며, 송금방식으로 대금을 결제할 경우에는 통상 환어음을 발행하지 않는다.

환어음과 관련된 주요 내용은 다음과 같다.

1. 환어음의 당사자

1) 발행인(drawer)

환어음을 발행하고 서명하는 자로서 채권자를 뜻하며, 무역거래에서는 수출자가 발행인이 된다. 환어음의 효력이 발생하기 위해서는 반드시 발행자의 서명이 있어야 한다.

2) 지급인(drawee)

환어음의 지급을 위탁받은 채무자를 뜻하며, 무역거래에서는 결제방식에 따라 지급인이 달라진다. 즉 신용장방식의 거래에서는 개설은행 또는 개설은행으로부터 대금결제를 위임받은 상환은행(결제은행)이 환어음의 지급인이 된다.

한편 추심방식에서는 은행이 지급을 확약하지 않으므로 수입자가 환어음의 지급인이 된다.

3) 수취인(payee)

환어음에 표시된 금액을 지급받는 자를 뜻하며 발행인이 될 수도 있고 발행인이 지정하는 제3자가 될 수도 있다. 일반적으로 신용장방식의 거래에서는 수출자로부터 선적서류를 매입하는 매입은행(수출자의 거래은행)이 수취인이 된다.

추심방식의 거래에서는 수출자가 수취인이 되는 것이 원칙이지만 수출자의 거래은행에서 추심 전 매입(수입자의 대금지급을 기다리지 않고 수출자가 선적서류를 제출하면 바로 대금을 지급해주는 방식)의 경우에는 매입은행이 수취인이 된다.

이상에서 살펴 본 환어음의 당사자 관련 내용을 정리하면 다음과 같다.

구분	신용장방식	추심방식
발행인	수출자	수출자
지급인	개설은행 또는 상환은행	수입자
수취인	매입은행	수출자 (추심전 매입 : 매입은행)

2. 환어음의 종류

1) 화환어음과 무담보어음

화환어음(documentary bill of exchange)이란 화물을 대표하는 선적서류가 첨부된 어음으로서 상품거래에 사용되며, 무담보어음(clean bill of exchange)이란 선적서류가 첨부되지 않고 환어음만으로 결제가 이루어지는 어음을 뜻한다.

2) 일람불환어음과 기한부환어음

일람불환어음(sight bill)은 환어음이 제시되자마마 대금지급이 이루어지는 어음을 뜻하고, 기한부환어음(usance bill)은 환어음이 제시되고 나서 일정기간 후에 지급이 이루어지는 어음을 뜻한다,

3. 환어음의 기재사항

① 환어음의 표시

'Bill of Exchange' 와 같이 환어음을 표시하는 문언이 있어야 한다.

② 환어음번호

참고사항으로 기재하지 않아도 된다.

③ 발행일과 발행지

환어음의 발행일과 발행지를 기재한다.

④ 금액

상업송장의 금액과 일치하게 기재한다.

⑤ 지급기일의 표시

환어음의 지급기일을 일람출급일 경우에는 'at ××× sight of', 기한부일 경우에는 'at 60 days after sight' 와 같이 표시한다.

⑥ 수취인

환어음에 표시된 금액을 지급받을 사람을 pay to 다음에 표시한다. 일반적인 신용장방식의 경우 수출자로부터 환어음 및 선적서류를 매입하는 수출자의 거래은행이 수취인이 되며, 실무적으로 수출자의 거래은행의 환어음 양식을 이용하기 때문에 해당 은행명이 인쇄되어 있다.

⑦ 무조건 위탁문언

'pay to.......the sum of.......' 와 같이 표시한다.

⑧ 문자금액

금액을 문자로 표시한다.

⑨ 대가문구

'환어음의 발행인이 대금을 수취했다' 라는 뜻으로 'value received' 라고 표시한다.

⑩ 지급청구문언

어음발행인이 지급인에게 환어음을 결제하면 그 대금은 'account of ~' 이하에 기재하는 자에게 청구하라는 문구이며, 일반적인 신용장방식의 거래에서는 'account of' 다음에 수입자명 및 주소를 기재한다.

⑪ 발행근거

drawn under~ 이하에 환어음의 발행근거를 기재한다. 실무적으로 신용장방식의 경우 drawn under 다음에 개설은행명을 기재하고 그 밑에 신용장 번호를 기재한다. D/A나 D/A의 경우에는 drawn under 다음에 공란으로 남겨두거나 계약서상의 지정은행을 기재하고 그 밑에 계약서번호를 기재한다.

⑫ 지급인(drawee)

환어음상의 지급인을 환어음의 끝부분인 To 이하에 기재한다. 통상적으로 신용장방식의 경우에는 개설은행이 지급인이 되고, D/A나 D/P와 같은 추심결제방식의 경우에는 수입자가 지급인이 된다.

⑬ 발행인의 기명날인

수출자의 회사명, 대표자 또는 대리인의 자격을 명시하고 기명날인한다.

---

① BILL OF EXCHANGE

②NO. 0611 _____ BILL OF EXCHANGE, ③JUNE 9, 2020, SEOUL, KOREA

④FOR US$21,840.00

⑤AT _____ XXX _____ SIGHT OF **ORIGINAL** BILL OF EXCHANGE(DUPLICATE UNPAID)

⑦PAY TO _____ ⑥SEOUL BANK _____ OR ORDER THE SUM OF

⑧US DOLLARS TWENTY ONE THOUSAND EIGHT HUNDRED FORTY ONLY

⑨VALUE RECEIVED AND ⑩CHARGE THE SAME TO ACCOUNT OF _____ HAPPY CORPORATION

111, HAPPY ROAD, NEW YORK, USA

⑪DRAWN UNDER _____ NEW YORK BANK

L/C NO. _____ L12345678

⑫TO _____ NEW YORK BANK _____

2007 WALL STREET _____

NEW YORK, USA

⑬ _____

신용장

신용장방식의 특성

1. 신용장방식의 장점

　신용장방식은 수출자가 물품을 선적한 후 신용장에서 요구하는 서류를 은행에 제출하고 대금을 회수하는 방식이다. 수출자로서는 신용장에서 요구하는 서류만 준비하면 대금회수가 보장되고, 수입자로서는 서류를 통해서 계약된 물품이 선적되었다는 사실을 확인한 후에 대금을 지급할 수 있으므로 수출자나 수입자 모두 안심하고 거래를 할 수 있다는 것이 신용장방식의 특성이자 장점이라고 할 수 있다.

2. 신용장방식의 문제점과 해결방안

신용장방식의 거래가 신용장에서 요구하는 서류와 상환하여 대금결제가 이루어짐에 따라 수입자로서는 실제로 선적한 물품이 계약내용과 다르더라도 서류상 문제가 없으면 대금지급을 거부할 수 없으며, 수출자로서는 물품은 제대로 선적했다 하더라도 서류상 문제가 있으면 대금지급을 거부당할 수 있다.

수입자의 입장에서 이와 같은 문제를 해결하기 위해서는 수출자가 물품을 선적하기 전에 수입자의 대리인 또는 SGS와 같은 국제적인 검사기관의 검사를 받도록 하고 검사결과 이상이 없음을 증명하는 검사증명서(inspection certificate)를 제출해야만 대금이 지급되도록 신용장에서 요구하는 서류목록에 검사증명서를 포함시키면 된다.

수출자의 경우에는 신용장을 접수하자마자 신용장의 모든 조항을 면밀히 검토해서 문제의 소지가 있는 조항이 있으면 수입자에게 해당 조항의 변경을 요청하고, 신용장과 일치하는 서류를 준비하는 데 만전을 기해야 한다.

신용장의 종류

1. 일반신용장

일반적인 무역거래에서 사용하는 신용장은 다음과 같다.

① Irrevocable ② documentary ③ at sight ④ negotiation ⑤ with recourse L/C

1) 취소불능신용장(irrevocable L/C)

신용장 관련 당사자 전원의 합의 없이는 취소하거나 조건변경이 불가능한 신용장. 무역거래에 사용되는 신용장은 모두 취소불능신용장이며, 신용장에 취소불능이라는 표시가 없어도 취소불능으로 간주한다.

2) 화환신용장(documentary L/C)

수출자가 물품을 선적하고 환어음과 함께 상업송장, 선하증권 등과 같이 신용장에서 요구하는 선적서류를 제시하면 선적서류와 상환하여 신용장대금이 지급되는 신용장으로서 일반상품거래에서는 대부분 화환신용장이 사용된다. 화환신용장에 대비되는 개념으로 선적서류의 제시 없이 신용장대금이 지급되는 무화환신용장(Clean L/C)이 있으며, 무화환신용장은 다시 화물의 존재유무에 따라 보증신용장(Standby L/C)과 무담보신용장(Documentary Clean L/C)으로 나누어진다.

보증신용장(Standby L/C)이란 물품거래와 상관없이 순수한 보증목적으로 사용되는 신용장으로서 해외지사의 현지금융을 보증하거나 국제입찰시 계약보증금, 이행보증금 등을 조달하는 데 이용하는 신용장이다.

무담보신용장(Documentary Clean L/C)은 화환신용장과 마찬가지로 일반상품의 거래에 사용되는 신용장이나 선적서류의 제시 없이 수출자가 발행한 환어음과 상환하여 신용장대금이 지급되는 신용장을 뜻한다. 이때 선적서류는 은행을 통하지 않고 수출자가 수입자에게 직접 발송한다.

3) 일람불신용장(at sight L/C)

신용장에서 요구하는 선적서류와 환어음이 제시되는 즉시 신용장 대금의 지급이 이루어지는 신용장을 일컬으며 이와 반대로 선적서류와 환어음이 제시되고 일정기간 후에 대금이 지급되는 신용장은 기한부신용장(usance L/C)이라고 한다.

Usance L/C방식의 거래에서는 유선스 기간 동안의 이자를 누가 부담하느냐에 따라서 수출자가 이자를 부담하는 shipper's usance L/C와 수입자가 이자를 부담하는 banker's usance L/C로 나누어진다.

Shipper's usance L/C방식의 경우 수출자는 유선스 이자를 반영한 신용장 금액을 유선스 기간이 경과한 후에 지급받거나 은행과 별도의 약정을 맺고 선적 즉시 유선스 이자를 제한 금액을 지급받을 수도 있다. Banker's usance L/C방식의 경우에는 수입자 측에서 이자를 부담하기 때문에 수출자는 at sight L/C와 마찬가지로 선적 즉시 L/C 금액 전액을 지급받을 수 있다.

수입자 입장에서 보면 shipper's usance L/C나 banker's usance L/C 모두 유선스 기간이 경과한 후에 대금을 결제하면 된다. 다만 shipper's usance L/C인 경우에는 신용장 금액만 결제하면 되고, banker's usance L/C인 경우에는 신용장 금액에다 유선스 기간 동안의 이자를 더한 금액을 결제해야 한다.

D/A와 usance L/C의 차이

수입자의 입장에서 보면 D/A와 usance L/C 모두 선적서류를 인수한 날로부터 일정기간 후에 대금을 결제하는 일종의 외상수입방식으로서 차이점이 없다. 하지만 수출자의 입장에서 보면 수입자가 대금을 지급하지 않을 경우 D/A방식에서는 대금을 회수할 방법이 없으나 usance L/C방식일 경우에는 수입자의 대금지급 여부와 상관없이 개설은행으로부터 대금을 지급받을 수 있다는 점이 다르다.

4) 매입신용장(negotiation L/C)

매입신용장이란 환어음의 발행인뿐만 아니라 어음의 배서인 및 선의의 소지인에게도 지급을 확약함으로써 수출자가 개설은행이 아닌 제3의 은행을 통해서 수출대금을 지급받을 수 있도록 허용하는 신용장을 뜻한다.

통상적으로 수출자는 수입자의 거래은행인 개설은행과 거래관계가 없기 때문에 신용장대금을 개설은행으로부터 직접 수령하는 것보다 자신이 거래하는 은행으로부터 수령하는 것이 편리하다. 이와 같은 수출자의 입장을 감안하여 제3의 은행에게 수출자가 발행하는 환어음의 매입을 허용하는 신용장이 매입신용장이다.

매입신용장은 매입은행이 특정은행으로 지정된 매입제한신용장(restricted L/C)과 아무 은행에서나 자유롭게 매입할 수 있는 자유매입신용장(open L/C; freely negotiable L/C; general L/C)으로 나누어진다. 대부분의 신용장은 자유매입신용장으로 개설되며, 수출자가 거래하는 은행이 매입은행이 된다.

거래은행과 매입은행 간의 결제와 관련하여 개설은행이 신용장에 명시해 놓은 상환은행을 통해서 신용장대금을 결제하는 신용장을 매입상환신용장(negotiation reimbursement L/C)라고 하며, 매입은행이 추후에 지정하는 결제은행을 통해서 신용장대금을 결제하는 신용장을 매입송금신용장(negotiation remittance L/C)라고 한다.

한편 개설은행이 해외의 본지점이나 예치환거래은행을 지급은행(paying bank)으로 시성하고, 해당 은행으로 하여금 선적서류와 상환하여 신용장대금을 지급해줄 것을 위탁하는 신용장을 지급신용장(payment

L/C)이라고 하며, 선적서류의 제시 즉시 대금이 지급되는 일람지급신용장 (sight payment L/C)과 일정기간 후에 대금이 지급되는 연지급신용장 (deferred payment L/C)으로 나누어진다.

연지급신용장이란 개설은행이 해외의 본지점이나 예치환거래은행을 연지급은행으로 지정하고, 연지급은행은 개설은행의 지시에 따라 만기일을 기재한 연지급확약서를 발급해주고 그 만기일에 수입자에게 대금을 지급해주는 신용장이다.

지급신용장방식에서는 지급은행 외의 제3의 은행에 의한 매입이 허용되지 않으며, 환어음도 발행되지 않는다.

한편 개설은행이 해외의 본지점이나 예치환거래은행을 인수은행 (accepting bank)으로 지정하고, 해당 은행을 지급인으로 수출자가 발행한 기한부 환어음을 인수하도록 명시한 신용장을 인수신용장(acceptance L/C)라고 한다.

인수신용장은 수입자에게 선적서류를 인도할 때 일정기간 후에 신용장 대금을 지급할 것을 확약하는 인수의 뜻을 표시하게 되어 있는 기한부신용장으로서, 인수은행은 수출자가 발행하는 기한부환어음을 인수하였다가 만기일에 지급한다.

위에서 설명한 매입, 지급, 연지급, 인수신용장의 주요 내용을 비교하면 다음과 같다.

구분	수출지 은행	지급기한	환어음	소구권
매입	무예치환	at sight or usance	발행함	있음
지급	예치환	at sight	발행 안함	없음

| 연지급 | 예치환 | usance | 발행 안함 | 없음 |
| 인수 | 예치환 | usance | 발행함 | 없음 |

일반적인 무역거래에서는 주로 매입신용장이 사용되고, 지급신용장은 수출국에 개설은행의 본지점이나 예치환거래은행이 있을 때 제한적으로 사용되며, 인수신용장은 극히 제한적으로 사용된다.

5) 상환청구가능신용장(with recourse L/C)

매입은행이 수출자로부터 서류를 매입하였으나 개설은행에서 대금지급을 거부할 경우 매입은행에서 수출자에게 이미 지급한 대금을 돌려달라고 요구할 수 있는 신용장을 상환청구가능신용장이라고 한다.

이와 반대로 일단 매입은행에서 서류를 매입하면 개설은행에서 대금을 지급하지 않더라도 수출자에게 이미 지급한 대금을 돌려달라고 요구할 수 없는 신용장을 상환청구불가능신용장(without recourse L/C)이라고 한다.

우리나라의 경우에는 어음법에 의거 매입은행의 상환청구권을 인정하고 있다.

위에 열거한 신용장의 종류는 서로 대비되는 개념이 아니라 하나의 신용장에 동시에 적용될 수 있는 개념이다. 즉 irrevocable documentary at sight negotiation with recourse L/C와 같이 상기한 신용장 조건을 모두 충족시키는 신용장이 일반적인 무역거래에서 주로 사용된다.

한편 위에 열거한 신용장의 종류에 추가하여 다음과 같은 신용장을 선택적으로 사용할 수 있다.

1) 확인신용장(confirmed L/C)

개설은행의 신용이 불확실할 때 제3의 은행에서 추가적으로 대금지급을 확약을 하는 신용장으로서 일반적으로 수출자의 거래은행이 확인은행이 된다. 이 때 확인은행의 지급확약은 개설은행의 지급확약에 따른 부차적인 지급확약이 아니라 별도의 독립적이고 직접적인 지급확약이다. 확인신용장은 개설은행의 신용이 불확실한 개발도상국과의 거래에 주로 사용된다.

2) 양도가능신용장(transferable L/C)

수익자의 요청에 의하여 신용장 금액의 일부 또는 전체를 제2의 수익자에게 양도할 수 있는 신용장을 뜻하며 신용장상에 transferable이라는 표시가 되어 있어야 한다. 양도가능신용장은 수출자가 자기명의로 수출할 수 없거나 제3국의 공급업체로부터 물건을 조달하는 중계무역방식에서 활용된다.

하나의 신용장이 위에 열거한 신용장의 모든 종류를 동시에 충족시킬 수 있다. 즉 irrevocable, documentary, at sight, negotiation, with recourse, confirmed, transferable과 같은 모든 조건을 충족시키는 신용장이 개설될 수 있다.

2. 특수신용장

특수한 상황이나 거래방식에 사용되는 특수신용장에는 다음과 같은 종류가 있다.

1) 회전신용장(Revolving L/C)

동일한 수출자로부터 동일한 물품을 반복해서 수입할 경우 이미 사용된 신용장을 동일한 조건의 새로운 신용장으로 자동적으로 소생시키는 신용장이다.

2) 견질신용장(Back to Back L/C)

원신용장을 견질로 하여 원자재나 완제품공급자에게 발행하는 제2의 신용장을 뜻하며 국내공급자를 수익자로 발행되는 Local L/C와 중계무역 시 국외공급자를 수익자로 발행되는 Sub L/C(Baby L/C)가 있다.

3) 동시개설신용장(Back to Back L/C)

수출자가 신용장을 받은 날로부터 일정한 기일 내에 수입자에게 Counter L/C를 개설하여야만 신용장이 유효하다는 조건을 단 신용장이다.

4) 기탁신용장(Escrow L/C)

수출대금을 수출자와 수입자가 합의한 Escrow 계정에 예치한 후 수출자가 수입자에게 Counter L/C를 발급하고 그 결제자금으로만 인출할 수 있도록 하는 신용장이다.

5) 토마스신용장(Tomas L/C)

동시개설신용장과 같으나 언제까지 Counter L/C를 개설하겠다는 내용의 보증서를 제출하도록 한 신용장이다.

6) 보증신용장(Stand-by L/C)

물품거래와 상관없이 순수한 보증목적으로 사용되는 신용장으로서 해외지사의 현지금융을 보증하거나 국제입찰시 계약보증금, 이행보증금 등을 조달할 때 이용한다.

7) 선대신용장(Red-Clause L/C)

신용장개설 의뢰인의 요청에 따라 수출업자에게 수출대금의 일부 또는 전부를 선적서류 제출 이전에 미리 지급받을 수 있도록 허용하는 신용장이다.

Back to Back L/C는 견질신용장과 동시개설신용장 두가지로 번역된다.

Back to Back L/C(동시 개설신용장), Escrow L/C, Tomas L/C는 연계무역에서 사용되는 신용장으로서 일반적인 무역거래에서는 거의 사용되지 않는다.

신용장관련 용어 및 해석

1. 신용장관련 용어

- **개설의뢰인**(applicant)

  신용장을 개설해달라고 의뢰하는 수입자

- **수익자**(beneficiary)

  신용장에 명시된 물건을 선적하고 은행으로부터 대금을 지급받는 수출자

- **개설은행**(issuing bank)

  수입사의 요청에 따라 신용장을 개설해주는 은행으로서 보통 수입자의 거래은행이 된다.

• 통지은행(advising bank)

개설은행으로부터 신용장을 접수하여 수출자에게 통지해주는 은행으로서 보통 수출자의 거래은행이 된다.

• 확인은행(confirming bank)

개설은행의 신용을 믿을 수 없을 때 개설은행과 별도로 신용장대금의 지급을 확약해주는 은행으로서 주로 수출자의 거래은행이 된다.

• 매입은행(negotiating bank)

수출자로부터 신용장에 명기된 선적서류를 매입하고 수출대금을 지급하는 은행으로서 주로 수출자의 거래은행이 된다.

• 지급은행(paying bank)

개설은행으로부터 수익자에게 신용장대금을 지급해주도록 위탁받은 은행으로서 개설은행의 본지점이나 예치환거래은행이 된다.

• 인수은행(accepting bank)

수익자가 발행한 환어음이 기한부어음일 경우 해당 어음의 만기일에 어음을 인수하고 대금을 지급하겠다고 약속하는 은행이다.

• 상환은행(reimbursement bank)

신용장개설은행의 예치환거래은행으로서 개설은행의 지시에 따라 매입은행에게 신용장대금을 지급해주는 은행을 뜻하며 일명 결제은행 (settling bank)이라고도 한다. 매입은행은 수출자로부터 매입한 환어음 과 선적서류를 개설은행에게 발송하는 한편 상환은행에게 신용장대금 의 지급을 요청한다.

• 매입(negotiation)

매입은행에서 수출자로부터 환어음 및 선적서류를 매입하고 수출대 금을 지급하는 것으로서 실무에서는 흔히 네고라고 한다.

• 대도(trust receipt)

대도란 수입자가 수입대금을 지급하지 않고 개설은행으로부터 선적 서류를 인도받아서 수입화물을 처분한 후 그 판매대금으로 수입대금을 결제할 수 있도록 하는 제도이다. 이 때 개설은행에서는 수입화물에 대 한 수입대금이 결제될 때까지 수입화물에 대한 담보권을 유지한다.

• 지급정지명령(injunction)

Injunction이란 법원의 명령을 뜻하며, 신용장거래에서는 신용장개 설은행에 대금지급을 금지하는 법원의 결정을 뜻한다. 원래 신용장거 래에서는 신용장조건과 일치하는 서류가 제출되면 무조건 대금지급이 이루어져야 하지만, 일부 국가에서 서류위조 등의 신용장 사기의혹을 빌미로 법원에서 지급정지명령을 내리는 경우가 있다.

2. 신용장의 해석

SWIFT방식으로 개설되는 일반적인 신용장의 문구(p. 163 참조)는 다음과 같다.

- **27 sequence of total** : 1/1

  총 페이지수 : 총 1페이지 중 첫 번째 페이지

- **40A form of documentary credit** : IRREVOCABLE

  화환신용장의 형식 : 취소불능임

- **20 documentary credit number** : L12345678

  화환신용장번호 : L12345678

- **40E applicable rules:** UCP LATEST VERSION

  적용규정: UCP(화환신용장통일규칙) 최신판

- **31C date of issue** : 20/05/20

  신용장개설일자 : 2020년 5월 20일

- **31D date and place of expiry** : 20/06/30 SEOUL

  신용장의 유효기일 및 장소 : 2020년 6월 30일, 서울

- 50 applicant : HAPPY CORPORATION

  개설신청인 : HAPPY CORPORATION

- 59 beneficiary : SMILE CORPORATION

  수익자 : SMILE CORPORATION

- 32B currency code and amount : USD21,840.00

  신용장금액 및 통화단위 : USD21,840.00

- 39A percentage credit amount tolerance : 10/10

  신용장금액의 과부족 허용범위 : 신용장 금액의 10% 내에서 과부족
  을 허용함

- 41D available with by name, address : ANY BANK BY
  NEGOTIATION

  신용장 사용은행과 사용방법 : 아무 은행에서나 매입할 수 있음

- 42C drafts at : SIGHT

  환어음의 결제기일 : 일람불

- 42A drawee : NEW YORK BANK

  환어음의 지급인 : 뉴욕은행

• **43P partial shipment** : ALLOWED

  분할선적 : 허용함

• **43T : transshipment** : NOT ALLOWED

  환적 : 허용하지 않음

• **44A on board/dispatch/taking charge** : BUSAN, KOREA

  선적지 : 부산

• **44B for transportation to** : NEW YORK, USA

  도착지 : 뉴욕

• **44C latest date of shipment** : 20/06/20

  최종선적기일 : 2020년 6월 20일

• **45A description of goods and/or services** : 1,700 PCS OF
SPORTS ACCESSORIES. DETAILS ARE AS PER THE PROFORMA
INVOICE NO SPI-0505 ISSUED BY BENEFICIARY

  상품 및 서비스의 명세 : 스포츠 액세서리 1700개. 자세한 내역은 수
익자가 발행한 견적송장 SPI-0505에 따름

• 46A documents required :

+SIGNED COMMERCIAL INVOICE IN QUINTUPLICATE

+PACKING LIST IN TRIPLICATE

+FULL SET OF CLEAN ON BOARD OCEAN BILL OF LADING
MADE OUT TO THE ORDER OF NEW YORK BANK MARKED
FREIGHT PREPAID AND NOTIFY APPLICANT

+MARINE INSURANCE POLICY OR CERTIFICATE IN
DUPLICATE, ENDORSED IN BLANK FOR 110% OF THE INVOICE
VALUE. INSURANCE MUST INCLUDE : INSTITUTE CARGO
CLAUSES : I.C.C.(A)

+CERTIFICATE OF ORIGIN

〈요구서류〉

+서명된 상업송장 5부

+포장명세서 3부

+운임선지급이라고 표시되고, 개설신청인을 통지인으로 하며, 뉴욕은행의
지시식으로 작성된 무고장 본선적재 해상선하증권 전통

+상업송장 금액의 110%가 부보된 백지배서방식의 보험증권 또는 보험증
명서 2통. 보험은 협회적하약관 ICC(A)를 포함해야 함

+원산지증명서

• 47A additional conditions : ALL DOCUMENTS MUST BEAR
OUR CREDIT NUMBER

추가조건 : 모든 선적서류에는 신용장번호가 표시되어야 함

• **71B charges** : ALL BAKING COMMISSIONS AND CHARGES
OUTSIDE USA ARE FOR ACCOUNT OF BENEFICIARY
수수료 : 미국 밖에서 발생하는 모든 수수료는 수익자가 부담함

• **49 confirmation instruction** : WITHOUT
확인지시 : 확인하지 않음

• **48 period for presentation** : DOCUMENTS MUST BE
PRESENTED WITHIN 14 DAYS AFTER THE DATE OF SHIPMENT
BUT WITHIN THE VALIDITY OF THE CREDIT
서류제출시한 : 선적서류는 신용장의 유효기일 내에서 선적일로부터
14일 이내에 제출해야 함

• **78 instructions to the pay/acc/nego bk** : DOCUMENTS TO BE
FORWARDED TO US IN ONE LOT BY COURIER
지급/인수/매입은행에 대한 지시 : 선적서류는 하나의 봉투에 넣어
서 국제특송편으로 개설은행에 보내야 함

27	sequence of total	: 1/1
40A	form of documentary credit	: IRREVOCABLE
20	documentary credit number	: L12345678
31C	date of issue	: 20/05/20
40E	applicable rules	: UCP LATEST VERSION
31D	date and place of expiry	: 20/06/30 SEOUL
50	applicant	: HAPPY CORPORATION.
		111, HAPPY ROAD, NEW YORK, USA
59	beneficiary	: SMILE CORPORATION
		123, SAMSUNG-DONG, KANGNAM-KU,
		SEOUL, KOREA.
32B	currency code amount	: USD21,840.00
39A	percentage credit amount tolerance	: 10/10
41D	available with by name, address	: ANY BANK
		BY NEGOTIATION
42C	drafts at	: SIGHT
42A	drawee	: NEW YORK BANK
		2007, WALL STREET,
		NEW YORK, USA
43P	partial shipment	: ALLOWED
43T	transshipment	: NOT ALLOWED
44A	on board/dispatch/taking charge	: BUSAN, KOREA
44B	for transportation to	: NEW YORK, USA
44C	latest date of shipment	: 20/06/20
45A	description of goods and/or services	

1,700 PCS OF SPORTS ACCESSORIES

DETAILS ARE AS PER THE PROFORMA INVOICE

NO SPI-0505 ISSUED BY BENEFICIARY

46A documents required

+SIGNED COMMERCIAL INVOICE IN QUINTUPLICATE

+PACKING LIST IN TRIPLICATE

+FULL SET OF CLEAN ON BOARD OCEAN BILL OF LADING MADE OUT TO THE ORDER OF
 NEW YORK BANK MARKED FREIGHT PREPAID AND NOTIFY APPLICANT

+MARINE INSURANCE POLICY OR CERTIFICATE IN DUPLICATE, ENDORSED IN BLANK FOR
 110% OF THE INVOICE VALUE. INSURANCE MUST INCLUDE : INSTITUTE CARGO
 CLAUSES : I.C.C(A)

+CERTIFICATE OF ORIGIN

47A additional conditions

ALL DOCUMENTS MUST BEAR OUR CREDIT NUMBER.

71B	charges	: ALL BANKING COMMISSIONS AND
		CHARGES OUTSIDE USA ARE FOR
		ACCOUNT OF BENEFICIARY
49	confirmation instructions	: WITHOUT
48	period for presentation	: DOCUMENTS MUST BE PRESENTED WITHIN 14
		DAYS AFTER THE DATE OF SHIPMENT BUT WITHIN
		THE VALIDITY OF CREDIT
78	instructions to the pay/acc/nego bk	

DOCUMENTS TO BE FORWARDED TO US IN ONE LOT BY COURIER

신용장업무 개요

1. 신용장업무의 흐름

수입자는 거래은행과 외국환거래약정을 체결하고 은행에서 요구하는 담보제공 등의 절차를 마친 후 매 신용장거래시마다 신용장개설 신청서를 제출한다. 신용장개설 신청서에는 신용장에 명시될 조건들을 기재하며 거래은행 웹사이트에서 제공하는 자동작성 프로그램을 이용하면 손쉽게 작성할 수 있다.

신용장개설은행은 수입자가 제출한 신용장개설 신청서에 입각하여 신용장을 개설하여 우편, 전신 및 SWIFT 방식을 통해서 상대은행에 발송한다. SWIFT는 국제은행 간 금융결제통신망(Society of Worldwide Interbank Financial Telecommunication)의 약자로서, SWIFT 방식이란 은행 간에 SWIFT를 통해서 표준화되고 코드화된 양식의 신용장을 송부하는 방식이다. 우리나라에서는 대부분의 은행이 SWIFT 방식으로 신용장을 개설하고 있다.

개설된 신용장은 통지은행을 통해서 수출자에게 전달되며, 수출자는 사전에 자신의 거래은행을 통지은행으로 지정해서 수입자에게 통보함으로써 자신의 거래은행을 통해서 신용장을 통지받는 것이 일반적이다.

신용장을 접수한 수출자는 신용장의 조건이 수입자와 합의한 계약내용과 일치하는지를 확인하고 이상이 있으면 수입자에게 신용장의 조건을 변경(amend)해달라고 요청하고 이상이 없으면 신용장에 명시된 물건을 준비해서 신용장에 명시된 최종선적기일 내에 선적하고 신용장에서 요구하는 선적서류를 준비해서 매입은행에 제출하고 물품대금을 지급받는다.

매입은행은 수출자로부터 매입한 서류를 개설은행에 보내고 대금지급을 요청한다. 개설은행은 서류를 접수한 날로부터 5영업일 이내에 서류심사를 완료하고 직접 또는 상환은행을 통해서 매입은행에 대금을 지급하는 한편 수입자에게 서류를 인수할 것을 통보한다.

수입자는 개설은행으로부터 통보를 받은 날로부터 5영업일 이내에 대금을 지급하고 서류를 인수해서 운송회사로부터 물건을 인수한다.

2. 신용장관련 수수료

신용장관련 수수료는 은행별로 차이가 있으며 동일한 은행이더라도 거래처의 신용도 등에 따라 차등하여 적용할 수 있다. 신용장거래와 관련하여 은행에서 징수하는 주요 수수료는 다음과 같다.

① **개설수수료**(L/C opening charge)

개설은행에서 수입자를 대신하여 대금지급을 확약하는 데 따르는 보증료 성격으로 징수하는 수수료

② **통지수수료**(advising commission)

통지은행에서 수출자에게 신용장을 통지할 때 징수하는 수수료

③ **확인수수료**(confirmation charge)

확인은행에서 별도의 지급확약을 해주는 대가로 징수하는 수수료

④ **환가료**(exchange commission, periodic interest)

매입은행이 수출자에게 미리 신용장 대금을 지급하고 개설은행으로부터 동 대금을 수취할 때까지의 기간에 대해서 이자 성격으로 징수하는 수수료로서 통상 개설은행의 소재지가 인근 국가인 경우에는 7~9일, 그 외 국가인 경우에는 8~10일치의 이자를 징수한다.

⑤ **하자수수료**(discrepancy fee)

선적서류에 하자가 있음에도 환어음을 결제하는 경우 결제금액에서 차감하는 방식으로 징수하는 수수료

⑥ **미입금수수료**(less charge)

환어음의 매입시 매입은행에서 예상치 못했던 수수료가 해외은행으로부터 징수된 경우에 수출자로부터 추징하는 수수료

⑦ **지연이자**(delay charge)

수출의 경우 개설은행으로부터 대금의 입금이 지연되거나, 수입의 경우 수입자의 대금지급이 지연될 경우 각각 매입은행이나 개설은행에서 수출자 또는 수입자에게 부과하는 수수료

신용장 통일규칙

1. 신용장 통일규칙 개요

신용장조건의 해석기준을 통일시키기 위해서 국제상업회의소(ICC)에서 1933년에 처음으로 신용장 통일규칙을 제정하였으며, 그 후 수차례 개정 작업을 거쳐 현재는 2007년에 개정한 제6차 신용장 통일규칙(Uniform Customs and Practice for Documentary Credits: UCP 600)이 적용되고 있다.

제6차 신용장 통일규칙은 총 39장으로 구성되어 있으며, 주요 내용은 다음과 같다.

조항	주요 내용
1조 ~ 5조	신용장 통일규칙의 적용범위, 정의 및 해석, 매매계약과 신용장과의 관계
6조 ~ 11조	유효기일, 개설은행 및 확인은행의 의무, 신용장의 통지와 조건변경
12조 ~ 16조	은행 간 상환약정, 은행의 서류심사기준
17조 ~ 28조	선적서류의 수리요건
29조 ~ 37조	유효기일의 연장, 과부족 허용, 서류의 유효성, 은행의 면책
38조 ~ 39조	양도가능신용장 및 신용장 금액의 양도

화환신용장 통일규칙은 강행법규가 아닌 임의법규이기 때문에 신용장 거래당사자를 구속하기 위해서는 신용장에 화환신용장 통일규칙을 적용한다는 준거문언이 삽입되어야 한다.

한편 정보통신의 발달로 전자신용장제도가 도입됨에 따라 종이문서에 기반을 둔 기존의 신용장 통일규칙을 보완할 필요성이 대두되어 전자신용장 통일규칙(eUCP; Supplement to the Uniform and Practice for Documentary Credits for Electronic Presentation Version 1.0)이 제정되었다.

전자신용장 통일규칙은 화환신용장 통일규칙을 보완하는 것으로서 전자신용장에 전자신용장 통일규칙을 따른다는 준거문언만 있고 화환신용장 통일규칙의 적용 여부에 대해 아무런 언급이 없더라도 화환신용장 통일규칙이 자동으로 적용된다. 만일 전자신용장 통일규칙과 화환신용장 통일규칙의 적용이 상충될 경우에는 전자신용장 통일규칙을 우선 적용한다.

또한 ICC에서는 신용장 통일규칙과 별도로 신용장에서 제시된 서류의 심사를 위한 국제표준은행관행(ISBP; International Standard Banking Practice for the Examination of Documents under Documentary Letter of Credit)을 규정하고 있다.

ISBP는 신용장 통일규칙의 해설서라고 할 수 있으며, 신용장에서 요구하는 서류를 작성하는 수출자에게 서류작성에 따르는 지침을 제시함과 동시에 서류를 심사하는 은행에게 서류의 적격 여부를 판단하는 기준을 제공하는 지침서라고 할 수 있다.

신용장 통일규칙에도 불구하고 서류의 적격 여부를 놓고 당사자 간에 해석이 다를 수 있고, 서류상의 사소한 하자를 빌미로 대금지급이 거부당하는 등의 문제가 발생할 수 있는바 이런 문제를 해결하기 위해서 제정된 것이 ISBP이며 신용장거래에 따르는 분쟁발생시 서류 적격 여부를 판단하는 기준으로 사용되고 있다.

2. 신용장 통일규칙의 주요 내용

신용장 통일규칙에서 규정한 세부조항의 주요 내용은 다음과 같다.

1) Article 1 Application of UCP

신용장 통일규칙은 신용장상에 본 규칙이 적용된다는 것을 명시적으로 표시한 경우 모든 화환신용장(documentary credit)과 적용 가능한 범위 내에서 보증신용장(standby letter of credit)에 적용된다.

2) Article 2 Definitions

확인(confirmation)은 개설은행의 대금지급확약에 추가하여 신용장조건에 일치하는 서류를 제시하면 대금을 결제(honour) 또는 매입 (negotiate)하겠다는 확약을 의미한다.

결제(honour)는 다음과 같은 내용을 의미한다.

- 신용장이 일람지급(sight payment)에 의하여 이용가능하다면 일람출급으로 지급하는 것
- 신용장이 연지급(deferred payment)에 의하여 이용가능하다면 연지급을 확약하고 만기에 지급하는 것
- 신용장이 인수(acceptance)에 의하여 이용가능하다면 수익자가 발행한 환어음을 인수하고 만기에 지급하는 것

3) Article 3 Interpretation

- 신용장은 취소불능이라는 표시가 없더라도 취소가 불가능하다.
- 서류는 자필, 팩시밀리서명, 천공서명(perforated signature), 스탬프, 상징(symbol) 또는 전자식 확인방법으로 서명될 수 있다.
- 서로 다른 국가에 위치한 같은 은행의 지점들은 다른 은행으로 본다.
- 선적기간을 정하기 위하여 to, until, till, from, between이라는 단어가 사용된 경우 명시된 일자를 포함하고, before와 after라는 단어는 명시된 일자를 제외한다.
- 만기일(maturity)을 정하기 위하여 from과 after라는 단어가 사용된 경우에는 명시된 일자를 제외한다.
- 어느 월(month)의 전반(first half)과 후반(second half)이라는 단어는

각 해당 월의 1일부터 15일까지, 16일부터 말일까지로 해석되며, 그 기간 중의 모든 날을 포함한다.

- 어느 월(month)의 초(beginning), 중(middle), 말(end)이라는 단어는 각 해당 월의 1일부터 10일, 11일부터 20일, 21일부터 말일까지로 해석되며, 그 기간 중의 모든 날을 포함한다.

4) Article 4 Credits v. Contracts

신용장은 그 기초가 되는 계약과는 별개의 거래이다. 신용장에 그러한 계약에 대한 언급이 있더라도 은행은 그 계약과 아무런 관련이 없고, 그 계약 내용에 구속되지 않는다.

5) Article 5 Documents v. Goods, Services or Performance

은행은 서류로 거래하는 것이며 그 서류가 관계된 물품이나 서비스 또는 의무이행 등과는 관계가 없다.

6) Article 6 Availability, Expiry Date and Place for Presentation

신용장은 일람지급(sight payment), 연지급(deferred payment), 인수(acceptance) 또는 매입(negotiation)에 의하여 이용가능한지를 명시하여야 한다.

7) Article 7 Issuing Bank Undertaking

개설은행은 신용장의 개설시점으로부터 취소가 불가능한 결제

(honour)의 의무를 부담한다.

8) Article 8 Confirming Bank Undertaking

- 확인은행은 신용장에 확인을 추가하는 시점으로부터 취소가 불가능한 결제(honour) 또는 매입의 의무를 부담한다.
- 신용장이 확인은행에서 매입가능하다면 확인은행은 상환청구권(recourse) 없이 매입하여야 한다.

9) Article 14 Standard for Examination of documents

- 지정은행(nominated bank), 확인은행(confirming bank) 그리고 개설은행(issuing bank)은 제시된 서류가 일치하는지를 서류제시일의 다음날로부터 기산하여 최장 5은행영업일 이내에 결정해야 한다.
- 선적서류는 선적일로부터 21일 이내에 제시되어야 하고, 어떠한 경우라도(21일 이내라고 하더라도) 신용장의 유효기일이 지난 후에 제시되어서는 안 된다.
- 서류는 신용장 개설일 이전 일자에 작성된 것일 수 있으나 제시일자보다 늦은 날짜에 작성되어서는 안 된다.
- 서류상의 수익자 또는 개설의뢰인의 주소가 신용장 또는 다른 서류에 기재된 것과 동일할 필요는 없으나 신용장에 기재된 주소와 동일한 국가 내에 있어야 한다.
- 서류상에 표시된 선적인(shipper)은 신용장의 수익자(beneficiary)일 필요는 없다.

10) Article 17 Original Documents and Copies

신용장이 복수의 서류제시를 요구하는 경우 적어도 한 통의 원본과 나머지 수량의 사본을 제출해야 한다.

11) Article 20 Bill of Lading

신용장이 환적을 금지하더라도 컨테이너에 의해서 운송되고 신용장에서 요구한 전 구간을 하나의 동일한 운송서류에 의해 커버되었다면 선하증권상에 환적이 될 것이라는 표시가 있어도 하자가 아니다.

12) Article 23 Air Transport Document

신용장에서 환적을 금지하였더라도 신용장에서 요구한 전 구간을 동일한 운송서류에 의해 커버되었다면 항공운송장에 환적이 될 것이라는 표시가 있더라도 하자가 아니다.

13) Article 28 Insurance Document and Coverage

- 보험서류의 일자는 선적일보다 늦어서는 안 된다.
- 부보금액은 최소한 물품의 CIF 또는 CIP 가액의 110%가 되어야 한다.

14) Article 29 Extension of Expiry Date or Last Day for Presentation

- 유효기일이 은행이 영업을 하지 않는 날인 경우 그 다음 첫 은행영업일까지 연장된다.

- 최종선적기일은 은행이 영업을 하지 않는 날이더라도 연장되지 않는다.

15) Article 30 Tolerance in Credit Amount, Quantity and Unit Price

- 신용장 금액, 수량, 단가와 관련하여 about, approximately의 단어가 사용된 경우 10%의 과부족이 허용되는 것으로 해석한다.
- 수량이 개수나 포장단위로 표시되지 않는 곡물이나 석탄 등과 같은 bulk cargo의 경우 별도의 과부족 허용문구가 없더라도 5%를 초과하지 않는 범위 내에서 물품 수량의 과부족이 허용된다. 단 청구금액은 신용장 금액을 초과할 수 없다.

16) Article 31 Partial Drawings or Shipment

- 신용장에서 따로 허용하지 않더라도 분할청구 또는 분할선적은 허용된다.
- 동일한 목적지로 향하는 동일한 선박에 선적되고 복수의 운송서류가 발행된 경우 운송서류상의 선적일, 선적항, 발송지가 다르더라도 분할선적으로 간주하지 않는다.
- 서로 다른 선박에 선적되고 복수의 운송서류가 발행된 경우 해당 선박들이 같은 날짜에 같은 목적지로 향하더라도 분할선적으로 간주한다.

17) Article 34 Disclaimer on Effectiveness of Documents

은행은 서류의 정확성이나 진위여부 및 물품의 존재여부 등에 대하여 어떠한 책임도 지지 않는다.

18) Article 38 Transferable Credits

- 양도가능신용장은 두 사람 이상의 제2수익자에게 분할양도가 가능하지만, 한번 양도된 신용장은 재차 양도될 수 없다.
- 신용장을 양도할 때는 원신용장의 조건을 그대로 유지하는 것이 원칙이지만 신용장의 금액, 단가, 선적기일 및 유효기일은 감액 또는 단축이 가능하다. 금액이나 단가를 감액하여 양도할 경우 최초의 수익자는 제2의 수익자가 작성한 송장을 자신이 작성한 송장으로 대체할 수 있다.

7장

계약의 체결

계약절차 │ 계약서식

계약절차

1. 청약과 승낙

계약이란 바이어와 셀러가 모든 계약조건에 합의하는 것이다. 바이어와 셀러가 계약조건에 합의하기 위해서는 우선 한 쪽에서 계약조건을 제시해야 한다. 이것을 청약(offer)이라고 하며, 셀러가 계약조건을 제시하는 것을 셀링오퍼(selling offer), 바이어가 제시하는 것을 바잉오퍼(buying offer)라고 한다. 일반적인 무역거래에서는 주로 셀링오퍼가 사용된다.

청약(offer)을 받은 쪽에서 제시받은 계약조건을 검토해서 동의하는 것을 승낙(acceptance)이라고 한다. 제시받은 계약조건 중의 일부를 변경하거나 새로운 조건을 추가한 수정안을 제시하는 것을 반대청약(counter offer)이라고 하며, 반대청약은 원청약에 대한 거절임과 동시에 피청약자가 청약자에게 하는 새로운 청약이라고 할 수 있다. 보통 승낙이 이루어지기까지는 수차례의 반대청약 과정을 거치는 것이 일반적이다.

일반적으로 청약(offer)에 대한 상대방의 승낙(acceptance)으로 무역계약이 성립되지만, 승낙의 과정을 생략하고 바로 청약에서 제시한 계약조건을 이행함으로써 계약을 성립시킬 수도 있다. 예를 들어 청약을 접수한 바이어가 청약에 명시한 결제방식대로 대금을 송금하거나 신용장을 개설하면 별도의 승낙의사 표시가 없더라도 바이어가 청약을 승낙한 것으로 간주하여 계약이 성립되는 것이다.

2. 계약절차

계약을 하기 위해서는 우선 상담과정을 거쳐야 한다. 상담은 바이어와 셀러 간에 계약조건을 협의하는 것으로서 구두 또는 서면을 통해서 이루어진다. 가장 일반적인 방법은 이메일을 통해서 상담을 진행하는 것이다.

상담과정에서 셀러 또는 바이어가 offer sheet를 발행하기도 하나, 필수적인 절차는 아니다. offer sheet에 명시한 유효기일(validity) 안에 상대방이 승낙의 의사를 표시하면 offer sheet를 발행한 셀러 또는 바이어는 offer sheet에 명기한 조건대로 계약을 이행할 의무가 있다.

offer sheet를 접수한 측에서 offer sheet에 명시된 계약조건을 수락한다는 의미로 offer sheet에 서명해서 보내거나, 서명을 하지 않더라도 offer sheet에 명시된 계약조건을 이행하면 offer sheet에 명시된 계약조건대로 계약이 체결된 것으로 간주한다.

offer sheet의 발행을 생략하고 상담을 마무리 지은 뒤 합의된 계약조건을 문서로 담아 교환할 수도 있다. 이 때 셀러가 작성하는 서식의 타이틀은 sales note, proforma invoice, order confirmation, order acknowledgement 등이라고 붙이고, 바이어가 작성하는 서식의 명칭은 order sheet, purchase order, purchase note 등이라고 붙인다.

셀러 또는 바이어가 상기한 바와 같은 계약서식을 작성하여 상대방에게 보내면 해당 서식을 접수한 측에서 서명해서 보내거나, 서명을 하지 않더라도 서식에 기재된 계약조건을 이행하면 서식에 명시된 계약조건대로 계약이 체결된 것으로 간주한다.

거래규모가 크거나 장기계약인 경우 구체적인 계약조건을 명시해서 sales agreement, sales contract, general terms and conditions 등의 타이틀로 발행한다.

계약서식

1. 계약서식의 종류

무역계약은 특정한 형식이나 양식을 요구하지 않는 불요식계약이다. 형식이 필요치 않다는 것은 계약서를 작성하지 않더라도 계약이 성립한다는 뜻이다. 즉 무역계약은 계약서 작성여부와 상관없이 바이어와 셀러 간에 모든 계약조건에 합의하기만 하면 성립되는 것이다.

다만 계약서가 없으면 은행이나 관련기관에서 계약서류 제출을 요구할 때나 분쟁발생시 처리하기가 곤란하므로 어떤 형태로든 합의된 계약조건이 명시된 계약서를 작성해두는 것이 바람직하다.

이 때 작성하는 계약서는 정해진 양식이 있는 것이 아니라 바이어와 셀러의 합의에 따라 다양한 내용이나 조건을 포함시킬 수도 있고 약식으로 작성할 수도 있다.

일반적인 무역거래에서 작성하는 계약서식은 종류는 다음과 같다.

1) offer sheet

셀러 또는 바이어가 자신이 거래하고자 하는 계약조건을 명시하여 발행하는 서식.

2) sales note

셀러가 최종적으로 확정된 계약조건을 명시하여 발행하는 서식. proforma invoice, order confirmation, order acknowledgement 등의 타이틀로도 발행한다.

3) purchase order

바이어가 최종적으로 확정된 오더의 내역 및 계약조건을 명시하여 발행하는 서식. order sheet, purchase note 등의 타이틀로도 발행한다.

4) sales agreement

거래규모가 크거나 장기계약인 경우 구체적인 계약조항을 망라하여 작성하는 서식. sales contract, general terms and conditions 등의 타이틀로도 발행한다.

계약서식의 타이틀이나 내용은 발행자의 의도에 따라서 달라질 수 있다. 한 건에 오더에 대해서 위에 언급한 서식을 모두 발행할 필요는 없으며 거래당사자의 필요에 따라 하나 또는 두 개의 서식을 작성해서 교환한다.

2. 계약서식 작성 요령

계약서식은 다음에 소개하는 샘플서식과 같이 작성한다. 이미 언급한 대로 무역계약은 불요식계약이므로 다음에 소개하는 샘플은 그야말로 샘플에 불과할 뿐이며 서식의 내용이나 형식은 거래당사자 간의 합의에 따라 임의로 정할 수 있다.

일반적인 무역거래에서 자주 사용하는 proforma invoice의 작성 요령을 예로 들면 다음과 같다.

Proforma Invoice 작성 요령(p. 184 참조)

① Seller – 수출자의 상호 및 주소를 기재한다.

② Buyer – 바이어의 상호를 기재한다.

③ Invoice No – 임의의 proforma invoice 번호를 기재한다.

④ Date – Proforma invoice 발행일자를 기재한다.

⑤ Description – 물품의 명세를 기재한다.

⑥ Quantity – 물품의 수량을 기재한다.

⑦ Unit Price – 물품의 단가를 기재한다.

⑧ Amount – 물품의 수량에 단가를 곱한 총금액을 기재한다.

⑨ Trade terms – 거래조건을 기재한다.

⑩ Packing – 포장방식을 기재한다. 특별한 사항이 없을 때는 'Export standard'라고 기재하면 된다.

⑪ Shipping port – 선적지(항)를 기재한다.

⑫ Destination – 목적지(항)를 기재한다.

⑬ Shipment – 선적기한을 'Within one month after receipt of your L/C' 등과 같이 표기한다.

⑭ Payment – 신용장방식에 의한 거래일 때는 'By an irrevocable L/C at sight to be opened in our favor' 등과 같이 기재하고 송금방식의 거래일 때는 'By T/T to 수출자의 거래은행명(Bank Name), 계좌번호(Account No), 계좌명(Account Name)' 의 순으로 기재한다.

⑮ Signed by – 발행자의 상호를 표시하고 서명한다.

1) offer sheet

SMILE CORPORATION
① Manufacturers, Expoters & Importers
123, SAMSUNG-DONG, KANGNAM-KU,
SEOUL, KOREA
TEL : (02) 555-1122 FAX : (02) 555-1133

OFFER SHEET

② Messrs. HAPPY CORPORATION

③ Offer No. SO-0505
④ Date. May 5, 2020

Gentleman :

⑤ We are pleased to offer you the following

⑥ Origin : REPUBLIC OF KOREA
⑦ Shipment : WITHIN ONE MONTH AFTER RECEIPT OF YOUR L/C.
⑧ Shipping Port : BUSAN, KOREA
⑨ Payment Terms : BY AN IRREVOCABLE AT SIGHT L/C TO BE OPENED IN OUR FAVOR.
⑩ Validity of Offer : MAY 20, 2020

⑪ Description	⑫ Quantity	⑬ Unit Price	⑭ Amount
			⑮ CIF NEW YORK
SPORTS ACCESSORIES			
K-001	1,000 PCS	US$10.50	US$10,500.00
K-002	500 PCS	US$15.40	US$7,700.00
K-003	200 PCS	US$18.20	US$3,640.00
TOTAL :	1,700 PCS		US$21,840.00
*************************************	***************	***************	***************

Very truly yours,

⑩ Accepted by :
Date of acceptance _____

⑰ SMILE CORPORATION

2) Proforma Invoice

SMILE CORPORATION
① Manufacturers, Expoters & Importers
123, SAMSUNG-DONG, KANGNAM-KU, SEOUL,KOREA
TEL : (02) 555-1122 FAX : (02) 555-1133

PROFORMA INVOICE

② Messrs. HAPPY CORPORATION

③ Invoice No. SPI-0505
④ Date. May 5, 2020

⑤ Description	⑥ Quantity	⑦ Unit Price	⑧ Amount
			⑨ CIF NEW YORK
SPORTS ACCESSORIES			
K-001	1,000 PCS	US$10.50	US$10,500.00
K-002	500 PCS	US$15.40	US$7,700.00
K-003	200 PCS	US$18.20	US$3,640.00
TOTAL :	1,700 PCS		US$21,840.00
***	***************	***************	***************

⑩ Packing : EXPORT STANDARD PACKING
⑪ Shipping Port : BUSAN, KOREA
⑫ Destination : NEW YORK
⑬ Shipment : WITHIN ONE MONTH AFTER RECEIPT OF YOUR L/C
⑭ Payment : BY AN IRREVOCABLE L/C AT SIGHT TO BE OPENED IN OUR FAVOR

Very truly yours,
⑮ SMILE CORPORATION

3) Purchase Order

① HAPPY CORPORATION
111, HAPPY ROAD, NEW YORK, USA
TEL. 123-456-789 FAX. 123-456-790

PURCHASE ORDER

② Messrs.   ③Your Ref ....
Smile Corporation.   ④Our Ref .... Happy-0512 ....
123, Samsung-Dong,   ⑤Date & Place ... May 12, 2020 ....
Kangnam-Ku
Seoul, Korea

⑥ Dear Sirs.
We Happy Corporation., as Buyer, hereby confirm our purchase of the following goods in accordance with the terms and conditions given below.

⑦ DESCRIPTION	SPORTS ACCESSORIES K-001 1,000 PCS K-002 500 PCS K-003 200 PCS
⑧ PACKING	EACH 50 PCS. TO BE PACKED INTO AN EXPORTABLE CARTON BOX. EXPORT STANDARD PACKING
⑨ QUANTITY	1,700 PCS ONLY
⑩ PRICE	CIF NEW YORK IN U.S. DOLLARS. K-001 @US$10.50/PCS K-002 @US$15.40/PCS K-003 @US$18.20/PCS
⑪ AMOUNT	TOTAL : US$21,840.00
⑫ INSURANCE	INSURANCE POLICY/CERTIFICATE BLANK ENDORSED FOR 110% OF C.I.F VALUE WITH CLAIMS PAYABLE IN USA IN THE CURRENCY OF THE DRAFT INSURANCE TO INCLUDE I.C.C.(A) WITH INSTITUTE WAR CLAUSES, S.R.C.C CLAUSES.
⑬ PAYMENT	BY L/C AT SIGHT IN YOUR FAVOUR BY FULL CABLE. ADVISING THROUGH SEOUL BANK, SEOUL, KOREA FROM NEW YORK BANK, NEW YORK. (INTEREST IS FOR SELLER'S ACCOUNT.)
⑭ SHIPMENT	SHIPMENT SHOULD BE EFFECTED DIRECTLY FROM BUSAN, KOREA TO NEW YORK WITHIN JUNE 20, 2020
⑮ MARKS & NO	TO BE MARKED ON BOTH SIDES OF EACH CARTON BOX AS FOLLOWS : HAPPY CORP NEW YORK C/NO. 1-1/UP ITEM NO :

Very truly yours
HAPPY CORPORATION

4) Sales Agreement

SALES AGREEMENT

This agreement is made and entered into on the ___ day of _____, 20___ by and between the Buyer ABC Inc., having its office at _____ (hereinafter referred to as "Buyer") and the Seller XYZ Corp., having its office at _____ (hereinafter referred to as "Seller")

WITNESSETH

WHEREAS, the Buyer desires to purchase Products as defined hereinafter (hereinafter called "Products") to sell or distribute them in the Territory as defined hereinafter; and

WHEREAS, the Seller is willing to sell the Products to the Buyer on the terms and conditions set forth below.

NOW, THEREFORE, in consideration of the mutual covenants contained herein, the Parties hereto agree as follows:

1. DEFINITIONS

Whenever the following terms appear in this Agreement, they shall have the respective meaning specified below unless the context otherwise requires:

– "Products" shall mean _____ specified in Appendix A.

– "Territory" shall mean _____. Without prior written consent of the Seller, the Buyer shall not sell the Products to any other areas than Territory.

2. ORDERS

The Buyer shall place order for the Products with the Seller either by email or fax. The Buyer shall clearly and precisely describe the name of the Products, quantity required, specifications, delivery date and shipping instructions, payment method, instructions for packing, invoicing and shipping etc. and other necessary terms for the delivery of the Products.

Within 5(five) working days after receiving order, the Seller shall issue the proforma invoice to confirm the Buyer's order.

The order shall not be binding unless and until they are accepted by the Seller.

3. PAYMENT

Payment shall be made by an irrevocable L/C payable at sight. The Buyer shall apply for L/C within one week after receipt of proforma invoice issued by the Seller.

4. INSURANCE

In case of CIF or CIP basis, 110% of the invoice amount will be insured unless otherwise agreed.

5. PACKING

Packing shall be at the Seller's option. In case special instructions are necessary, the same should be intimated to the Seller in time so as to enable the Seller to comply with it.

6. INSPECTION

With respect to the inspection of the Products at the point of delivery, inspection conducted by the Seller before shipment shall be final in all respects such as quantity, quality, etc.

Should the Buyer wishes to have the Products inspected by any specific inspector designated by the Buyer, all additional charges thereby incurred shall be borne by the Buyer.

7. DELIVERY AND SHIPMENT

The Seller shall deliver the Products on board the vessel at the port of shipment on scheduled date and the Buyer shall bear all risks of or damages to the Products from the time they have been on board the vessel at the port of shipment.

The date of Bill of Lading shall be accepted as a conclusive date of shipment.

Partial shipment and transshiment shall be permitted unless otherwise agreed between the Parties.

Right after the shipment, the Seller shall notify the following information in writing to the Buyer.

- Vessel Name

- Estimated Time of Departure

- Estimated Time of Arrival.

8. PATENTS, TRADE MARKS, DESIGNS ETC.

The Seller shall not be responsible for any infringement with regard to patent rights, utility model rights, trademarks, commercial designs or copyrights originated or chosen by the Buyer.

9. WARRANTY

The Seller warrants that the Products will be free from defects in material and workmanship for

_____ ( ) months from the date of shipment.

The extent of the Seller's liability under this warranty shall be limited to the repair or replacement as herein provided of any defective products. Provided, however, this warranty does not extend to any of the said products which have been:

– misused, neglected, or abused

– improperly repaired, altered or modified in any way, or

– used in violation of instructions furnished by the Seller

In no event, the Seller shall be liable to the Buyer for any lost profit or for indirect, incidental or consequential damages for any reason.

10. CLAIMS

Any claims from the Buyer much reach the Seller within thirty(30) days after the arrival of the goods at the port of destination. The goods on which the Buyer is lodging a claim must be retained intact for inspection by authorized surveyors and must not be repaired or resold until such inspection had been completed.

11. FORCE MAJEURE

Neither party shall be liable for non-performance (either in whole or in part) or delay in performance of the terms and conditions of this Agreement due to war, terror, riot, labor disturbances, epidemics, fire, typhoon, flood, earthquakes or any other cause beyond the control of the Parties hereto. In case of such event, the terms of this agreement relating to time and performance shall be suspended during the continuance of the event.

The affected party shall notify the other party of such event within _____ ( ) days after the commencement of such event and use its best efforts to avoid or remove such causes.

However, if the performance of this Agreement is suspended for a period of _____ ( ) days, either party may terminate this Agreement by at least _____ ( ) days notice in writing to that effect.

12. CONFIDENTIALITY

Any data and/or information related to the Products and/or information regarding technologies, know-how, trade secrets, marketing activities and the like, which are of confidential nature shall be kept strictly confidential.

13. ARBITRATION

All disputes, controversies and differences which may arise between the Parties hereto, out of or in relations to or in connection with this Agreement, or the breach thereof, shall be finally settled by Arbitration in Seoul, Korea in accordance with the commercial arbitration rules of the Korean Commercial Arbitration Board and under the laws of Korea. The awards rendered by the arbitration court shall be final and binding upon both parties.

14. TRADE TERMS

All trade terms used in this contract shall be interpreted in accordance with the latest Incoterms of the International Chamber of Commerce.

15. GOVERNING LAW

This Agreement shall be governed and construed in accordance with the Vienna Convention (1980) of the United Nations.

IN WITNESS WHEREOF, the parties have caused this Agreement to be executed on the date first written, and each party retains one signed original.

Buyer ABC Inc.   Seller XYZ Corp.

_____   _____
Name, Title   Name, Title

8장

선적 준비

수출물품의 확보 | 무역서식의 작성

수출물품의 확보

수입자와 계약이 체결되면 수출자는 수출할 물건을 확보해야 한다. 수출자가 자사 제품을 수출할 때는 별도의 절차가 필요치 않으나 타사제품을 수출할 때는 국내외 물품공급업체와 계약을 체결하고 계약조건에 의거 물품을 인도받아야 한다.

1. 국내공급업체로부터 물품을 구입하는 경우

국내공급업체로부터 물품을 구입하기 위해서는 국내공급업체와 물품공급계약을 체결하고 거래은행으로부터 내국신용장 또는 구매확인서를 발급받아야 한다.

1) 내국신용장 거래절차

국내에서 수출용 완제품을 구입하거나 수출물품을 제조하는 데 필요한 원자재를 구입할 경우 국내공급자와 수출자 간에는 대금결제방식을 놓고 수출자와 해외수입자 간에 벌어졌던 것과 같은 유사한 상황에 처하게 된다. 즉 국내공급자는 물품대금을 먼저 지급받기를 원하고, 수출자는 물품을 먼저 공급받기를 원하므로 결제방식에 합의하기가 쉽지 않다.

이와 같은 문제를 해결하기 위해서 사용하는 것이 내국신용장(local L/C)이다. 내국신용장의 업무절차는 해외거래처 간에 사용하는 원신용장(original L/C 또는 master L/C)과 크게 다르지 않다. 즉 수출자의 요청에 따라 수출자의 거래은행에서 내국신용장을 발행하고, 국내공급자는 내국신용장에 명시한 물품을 수출자에게 인도한 후 수출자로부터 물품수령증명서(인수증)를 받아서 은행에 제출하고 물품대금을 지급받는다. 내국신용장의 거래절차를 그림으로 표시하면 다음과 같다.

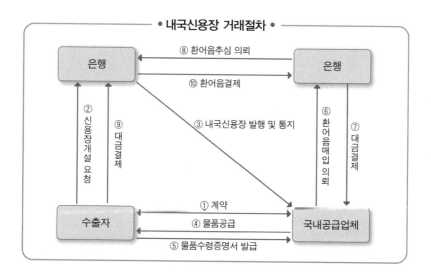

2) 내국신용장의 종류

내국신용장은 공급대상이 무엇인지에 따라 다음과 같이 나누어진다.

① 완제품 내국신용장

수출용완제품을 공급대상으로 하여 개설하는 내국신용장

② 원자재 내국신용장

수출용원자재를 공급대상으로 하여 개설하는 내국신용장

③ 임가공 내국신용장

수출용원자재 또는 수출완제품의 위탁가공임을 대상으로 개설하는 내국신용장

3) 내국신용장의 거래당사자

내국신용장의 거래당사자는 다음과 같다.

① 개설의뢰인

수출용완제품 또는 수출용원자재 혹은 국내에서 생산된 수출용원자재를 구입하고자 하는 업체 및 임가공 위탁업체

② 수익자

공급대상물품(임가공 포함)을 생산, 가공하여 개설신청인에게 공급

할 수 있는 능력을 보유한 제조업체 또는 수출용원자재를 원 상태로 공급하고자 하는 유통업자

③ 개설은행

개설신청인의 요청에 따라 내국신용장을 개설하는 외국환은행으로서 개설신청인의 거래은행이 된다.

④ 매입은행

수익자가 물품공급을 완료한 후 물품대금을 회수하기 위해서 발행한 환어음을 매입하거나 추심하는 외국환은행

4) 내국신용장 개설절차

내국신용장은 수출신용장 금액 또는 외국환은행에서 정하는 원자재자금 및 완제품수매자금의 융자한도 범위 내에서 개설할 수 있으며 사전에 개설은행으로부터 내국신용장 개설한도를 부여 받아야 한다.

한 건의 수출계약에 대해서 수평적으로 복수의 내국신용장을 개설할 수 있으며, 물품의 제조공정에 따라 수직적으로 최대 3차까지 개설할 수 있다.

내국신용장의 금액은 물품금액 전액으로 하며, 통상 원화금액을 개설일 현재의 대고객 전신환매입률로 환산한 외화금액을 부기한다.

물품인도기일은 대응수출 또는 물품공급이 원활히 이행되는 데 지장이 없는 범위 내에서 책정되어야 하며, 유효기일은 물품인도기일에 최장 10일

을 가산한 기일 이내로 하여야 한다. 또한 어음매입 또는 추심을 위한 서류 제시기간은 물품수령증명서 발급일로부터 5영업일 이내이어야 한다.

5) 내국신용장의 용도

국내공급업체의 입장에서 내국신용장은 다음과 같은 용도로 사용할 수 있다.

① 물품대금의 회수보장

개설은행에서 대금지급을 확약함으로써 안심하고 물품을 수출자에게 인도할 수 있다.

② 수출실적 인정

국내공급가액을 수출자에게 인정하는 수출실적과 별도로 대외무역법 상 융자대상 수출실적으로 인정받기 위한 근거서류로 사용할 수 있다.

③ 영세율 적용

부가가치세 세율을 영세율로 적용하기 위한 근거서류로 사용할 수 있다.

④ 관세환급

수출물품을 제조하기 위하여 수입원자재를 사용한 경우 원자재 수입 시 납부한 관세를 환급받을 때 근거서류로 사용할 수 있다.

취소불능내국신용장개설신청서

담 당	결재관자

신용장번호

<table>
<tr><td>① CMF번호 □□□ | | | | |</td><td colspan="2">② 결제통화 및 금액
□ ① 원 화 ₩
□ ② 외 화 (통화표시)
□ ③ 원 화 ₩
(외화금액   @   )
다만, 환어음 매입시 대고객 전신환 매입률이 개설시와
다를 경우 원화금액은 동 매매기준율로 환산한 금액으
로 함.</td></tr>
</table>

① CMF번호 □□□ | | | | |

개설신청인(상호, 주소, 대표자, 전화)

② 결제통화 및 금액
- □ ① 원 화 ₩
- □ ② 외 화 (통화표시)
- □ ③ 원 화 ₩
  - (외화금액   @   )
  - 다만, 환어음 매입시 대고객 전신환 매입률이 개설시와 다를 경우 원화금액은 동 매매기준율로 환산한 금액으로 함.

④ 수 혜 자(상호, 주소, 대표자, 전화)

③ 어음대금 결제조건
- □ 일람불(개설의뢰인이 자체자금으로 결제)
- □ 기한부(개설은행이 융자하여 결제)

⑤ 물품인도기일	⑥ 유효기일

형식 : 수익자가 신용장 금액을 한도로 하여 송장금액 전액을 이용금액으로 하고 본인(당사)을 지급인, 귀행을 지급장소로 하는 일람출급환어음을 발행함을 허용하는 신용장

제 출 서 류
- ⑦ 물품수령증명서   통   ⑧ 물품명세가 기재된 송장   통   ⑨ 공급자발행 세금계산사본   통
- ⑩ 기   타

공 급 물 품 명 세

HS부호	품명 및 규격	단위 및 수량	단 가	금 액

분할일도 □ ① 허용함 □ ② 불허함	서류제시기간 물품수령증명서발급일로부터 영업일이내
기 타	용 도

원 수 출 신 용 장 등 의 내 용

종류 : □ 수출L/C. □ D/A □ D/P □ 외화표시물품 공급계약서 □ 내국신용장 □ 외화표시건설·용역 공급계약서 □ 기타 수출 관련계약서

신용장(계약서)번호	결제통화 금 액	선적(인도)기일	유효기일
수출(공급)상대방	발행은행	대금결제조건	수출지역

HS부호	품명 및 규격	단위 및 수량	금 액

귀행이 개설하는 내국신용장은 상기 원신용장과는 독립된 별개의 것임을 서약하고 위와같이 내국신용장 개설을 신청하오며 귀행 별도 소정 외국환거래약정서 조건을 무위 준수할 것을 확약합니다.

주 소 :

년   월   일

신 청 인 :   (인)

귀하

Tel.

이 신용장에 관한 사항은 다른 특별한 규정이 없는 한 국제상공회의소 제정(2007년개정) 화환신용장 통일규칙에 따릅니다.

* 은행사용란

융자조건		수수료구분		지급보증	금 액		확 인	
수입보증금		임금구분			번 호		검 인	
자기앞금액		기 산 일			일 자		인감대조	

6) 구매확인서

구매확인서란 은행에서 대금지급을 확약하는 내국신용장과 달리 수출자가 국내공급업체로부터 구입한 원료 또는 완제품이 수출용으로 구매한 것이라는 사실만을 확인해주는 서식이다. 구매확인서는 내국신용장의 발급이 여의치 않을 때, 국내공급업체가 수출실적 인정, 영세율 적용, 관세환급 등과 같은 혜택을 받을 수 있도록 수출자의 거래은행 또는 KTNET에서 발급해준다.

물품의 제조 · 가공과정이 여러 단계인 경우 각 단계별로 순차적으로 차수 제한 없이 차순위의 구매확인서를 발급받을 수 있다.

구매확인서는 은행에서 대금지급을 확약하지 않기 때문에 국내공급자와 수출자 간의 대금결제는 당사자 간에 별도로 합의한 방식에 따라 이루어진다.

내국신용장과 구매확인서 비교

구분	내국신용장	구매확인서
관련법규	무역금융규정	대외무역법
발급기관	외국환은행	외국환은행 또는 KTNET
발급대상물품	수출용원자재, 수출용완제품	좌동
발급조건	해당 업체의 무역금융한도 내에서 발급	무역금융한도 상관없음
발급차수제한	최대 3차까지 가능(*)	제한 없음
무역금융	수혜 가능	수혜 불가
지급보증	개설은행에서 지급보증	지급보증 없음
수출실적	인정	좌동
부가세	영세율 적용	좌동
관세환급	가능	좌동

(*) 1차 내국신용장의 대상공급물품이 원자재인 경우 2차까지, 완제품인 경우 3차까지 가능

외화획득용원료·물품등구매(공급)확인(신청)서

<table>
<tr><td rowspan="2">발급번호</td><td colspan="2" style="text-align:center">처리기간</td></tr>
</table>

처리기간
3 일

발급번호	
① 구매확인신청자(상호, 주소, 성명) (서명 또는 인)	③ 공급자(상호, 주소, 성명)
② 구매확인신청자 사업자등록번호	④ 공급자 사업자등록번호

1. 구매(공급)원료·물품등의 내용

⑤ HS부호	⑥ 품명 및 규격	⑦ 단위 및 수량	⑧ 구매(공급)일	⑨ 단가	⑩ 금액	⑪ 비고

2. 근거서류의 내용

⑫ 구매확인서를 근거로 다시 구매확인서를 발급하는 경우에는 근거서류 발급은행 기재 : _____은행 _____지점)

⑬ 근거서류 및 번호	⑭ HS부호	⑮ 품명 및 규격	⑯ 금액	⑰ 선적기일

⑱ 구매(공급)원료·물품등의 용도명세 :
(원자재구매, 원자재 임가공위탁, 완제품 임가공위탁, 완제품구매, 수출대행등 *해당용도를 표시하되 위탁가공무역에 소요되는 국산원자재를 구입하는 경우는 "(위탁가공)"문구를 추가표시)
* 한국은행 총액한도대출관련 무역금융 취급절차상의 용도표시 준용

위의 신청사항을 대외무역관리규정 제4-2-7조의 규정에 의하여 확인합니다.

년   월   일

은 행 장   (인)

※ 완제품에 대한 구매확인서 발급시 ⑯의 기재사항은 생략할 수 있습니다.

2. 해외공급업체로부터 물품을 구입하는 경우

해외공급업체로부터 물품을 구입해서 제3국으로 수출하는 중계무역의 경우에는 다음과 같은 방식으로 물품을 확보할 수 있다.

1) Back to Back L/C를 활용하는 방식

최종수입자가 개설한 L/C를 근거로 해외공급자를 수익자로 하는 back to back L/C(흔히 sub L/C 또는 baby L/C라고 부름)를 개설하여 물품을 공급받는다.

2) 양도가능신용장(transferable L/C)을 활용하는 방식

최종수입자로 하여금 양도가능신용장을 개설하도록 한 후 신용장의 금액, 최종선적기일, 유효기일 등을 변경하여 해외공급업체에게 양도한다. 이와 같은 방식을 조건변경부 국외양도라고 하며, 신용장을 양도한 중계무역상이 제1수익자가 되고, 신용장을 양도받은 해외공급업체가 제2수익자가 된다.

해외공급업체는 물품을 선적하고 자신의 거래은행을 통해서 제1수익자의 거래은행(양도은행)으로 서류를 보내고, 제1수익자는 해외수입업체가 개설한 신용장의 조건에 맞추어 선적서류를 수정, 보완하여 네고함으로써 양도차익을 얻을 수 있다.

무역서식의 작성

수출물품을 확보한 수출자는 수출통관 절차를 필한 후 물품을 선적해야 한다. 통관관련업무는 관세사에서 처리해주고 선적관련업무는 포워더에서 처리해주며, 실무적으로는 관세사와 포워더가 제휴하여 일괄적으로 업무를 처리해준다. 수출자는 수출통관과 선적업무에 사용할 수 있도록 상업송장(commercial invoice)과 포장명세서(packing list)를 작성해야 한다.

1. 상업송장(commercial invoice)

물품명세서와 대금청구서의 역할을 하는 서식으로서 수입자를 비롯하여 수출국과 수입국의 세관 및 은행 등 관련기관에서 물품의 내역과 금액을 파악할 수 있도록 작성한다. 상업송장의 양식은 다음과 같다. 여기에 소개한 양식은 샘플에 불과하며, 상업송장의 발행목적을 벗어나지 않는 범위 내에서 수출자 임의로 양식을 만들 수 있다.

상업송장(Commercial Invoice) 작성 요령은 다음과 같다.

① Seller/Exporter – 수출자의 상호 및 주소를 기재한다.

② Buyer/Applicant – 수입자의 상호 및 주소를 기재한다.

③ Notify – 물품이 수입국에 도착했을 때 선박회사로부터 연락을 받을 통지처를 일컬으며 주로 수입자의 상호 및 주소를 기재한다.

④ Port of Loading – 선적항을 기재한다.

⑤ Final Destination – 최종 목적지를 기재한다.

⑥ Carrier – 선박명을 기재한다.

⑦ Sailing on or about – 예상 출항일을 기재한다.

⑧ No and date of invoice – Invoice No와 Date를 기재한다. Invoice No는 임의로 기재하고 Date는 Invoice를 발행하는 일자를 표기한다.

⑨ No and date of L/C – L/C 번호 및 개설일자를 기재한다.

⑩ L/C issuing bank – L/C 개설은행명을 기재한다.

⑪ Remarks – 비고란으로서 원산지 등을 기재한다.

⑫ Marks and number of pkgs – shipping mark를 표시한다.

⑬ Description of goods – 물품명세를 기재한다.

⑭ Quantity/Unit – 물품의 수량 및 단위를 기재한다.

⑮ Unit Price – 물품의 단가를 기재한다.

⑯ Amount – 물품의 수량에 단가를 곱한 총금액을 기재한다.

COMMERCIAL INVOICE

① Seller/Exporter	⑧ No. and date of invoice
SMILE CORPORATION	SCI-0609 JUNE 9, 2020
123, SAMSUNG-DONG, KANGNAM-KU, SEOUL, KOREA	⑨ No. and date of L/C L12345678 MAY 20, 2020

② Buyer/Applicant	⑩ L/C issuing bank
HAPPY CORPORATION	NEW YORK BANK
111, HAPPY ROAD	2007, WALL STREET,
NEW YORK, USA	NEW YORK, USA

③ Notify party	⑪ Remarks :
SAME AS ABOVE	COUNTRY OF ORIGIN REPUBLIC OF KOREA

④ Port of Loading	⑤ Final Destination	
BUSAN, KOREA	NEW YORK, USA	
⑥ Carrier	⑦ Sailing on or about	
OCEAN GLORY	June 10, 2020	

⑫ Marks and numbers of pkgs	⑬ Description of goods	⑭ Quantity/Unit	⑮ Unit-price	⑯ Amount
HAPPY CORP	SPORTS ACCESSORIES		CIF NEW YORK	
NEW YORK	K-001	1,000 PCS	US$10.50	US$10,500.00
C/NO. 1-34	K-002	500 PCS	US$15.40	US$7,700.00
ITEM NO :	K-003	200 PCS	US$18.20	US$3,640.00
	TOTAL	1,700 PCS		US$21,840.00

Signed by
⑰

2. 포장명세서(packing list)

　포장명세서는 수출물품의 포장상태 및 포장내역을 표시한 서식으로서 수입자를 비롯한 관련기관에서 물품의 포장상태를 파악할 수 있도록 작성한다. 포장명세서의 양식은 다음과 같다.

　여기에 소개한 양식은 샘플에 불과하며, 포장명세서의 발행목적을 벗어나지 않는 범위 내에서 수출자 임의로 양식을 만들 수 있다.

　포장명세서(Packing List) 작성 요령은 다음과 같다.

① Seller/Exporter - 수출자의 상호 및 주소를 기재한다.

② Buyer/Applicant - 수입자의 상호 및 주소를 기재한다.

③ Notify - 물품이 수입국에 도착했을 때 선박회사로부터 연락을 받을 통지처를 일컬으며 주로 수입자의 상호 및 주소를 기재한다.

④ Port of Loading - 선적항을 기재한다.

⑤ Final Destination - 최종 목적지를 기재한다.

⑥ Carrier - 선박명을 기재한다.

⑦ Sailing on or about - 예상 출항일을 기재한다.

⑧ No and date of invoice - Invoice No와 Date를 기재한다. Invoice No는 임의로 기재하고 Date는 Invoice를 발행하는 일자를 표기한다.

⑨ Remarks - 비고란으로서 원산지 등을 기재한다.

⑩ Marks and number of pkgs - shipping mark를 표시한다.

⑪ Description of goods - 물품명세 및 포장박스별 물품내역을 기

재한다.

⑫ Quantity - 수량을 기재한다.

⑬ Net Weight - 물품만의 순중량을 기재한다.

⑭ Gross Weight - 물품 및 포장재 무게를 합한 총중량을 기재한다.

⑮ Measurement - 물품의 부피를 기재한다.

PACKING LIST

① Seller/Exporter	⑧ No. and date of invoice
SMILE CORPORATION 123, SAMSUNG-DONG, KANGNAM-KU, SEOUL, KOREA	SCI-0609 JUNE 9, 2020

⑨ Remarks :

COUNTRY OF ORIGIN
REPUBLIC OF KOREA

② Buyer/Applicant
HAPPY CORPORATION
111, HAPPY ROAD
NEW YORK, USA

③ Notify party
SAME AS ABOVE

④ Port of Loading	⑤ Final Destination
BUSAN, KOREA	NEW YORK, USA
⑥ Carrier	⑦ Sailing on or about
OCEAN GLORY	June 10, 2020

⑩ Marks and numbers of pkgs	⑪ Description of goods	⑫ Quantity	⑬ Net Weight	⑭ Gross Weight	⑮ Measurement
HAPPY CORP NEW YORK C/NO. 1-34 ITEM NO :	SPORTS ACCESSORIES C/NO. 1-20 K-001 C/NO. 21-30 K-002 C/NO. 31-34 K-003	1,700 PCS	2,945 KGS	3,208 KGS	24.532CBM

Signed by
⑯

9장

운송

운송형태 ｜ 운송수단 ｜ 운송절차 ｜ 선하증권 ｜ 운송장관련 용어 ｜ 항공화물운송장

운송형태

1) 해상운송

해상운송이란 선박을 이용하여 해상으로 물품을 운송하는 것으로서 육상운송이나 항공운송에 비해 대량운송이 가능하고 운송비가 저렴하다는 장점이 있으나 운송시간이 많이 걸린다는 단점이 있다.

2) 항공운송

항공운송은 항공기를 이용하여 물품을 운송하는 것으로서 다른 운송방식에 비해 신속한 운송이 가능하다는 장점이 있으나 운송비가 상대적으로 비싸서 긴급을 요하거나 고가품인 경우에만 제한적으로 사용된다.

3) 육상운송

육상운송은 트레일러, 트럭, 기차 등을 통해서 수출자의 공장에서 항구나 공항까지 또는 항구나 공항에서 수입자의 창고까지의 육상구간에서 이루어지는 운송으로서 내륙운송이라고도 부른다.

4) 복합운송

복합운송(multimodal transport or combined transport)이란 하나의 운송계약에 의거 서로 다른 두 가지 이상의 운송수단을 사용하여 화물을 목적지까지 운반하는 것을 뜻한다. 복합운송계약에 의거 전 계약구간의 복합운송을 총괄하는 자를 복합운송인이라고 한다.

국제복합운송 경로로는 북미서안을 경유해서 북미동안이나 유럽 주요 도시까지 운송하는 북미서안 경유 SEA/AIR, 러시아 경유 SEA/AIR, 동남아시아 경유 SEA/AIR와 같은 Sea & Air 방식의 루트와 대륙횡단 열차를 활용하는 Sea-Land-Sea 방식이 있다.

Sea-Land-Sea 방식을 Land Bridge 방식이라고 부르며, 미국동안의 최종목적지까지 물품을 운송하는 데 사용하는 Mini Land Bridge(MLB)과 러시아를 경유하는 Siberian Land Bridge(SLB) 등이 이 방식에 속한다.

운송수단

1. 선박

무역운송의 가장 큰 비중을 차지하는 해상운송의 수단인 선박은 다음과 같이 분류할 수 있다.

1) 정기선

정기선(liner)은 고정된 항로 및 운항스케줄에 따라 특정항만을 규칙적으로 왕복 운항하는 선박을 뜻하며, 여객이나 우편물, 공산품을 수송대상으로 하고, 사전에 고시된 운임률표에 따라 운임을 부과한다.

2) 부정기선

부정기선(tamper)은 고정된 항로가 없이 부정기적으로 운항하는 선박을 뜻하며, 주로 곡물이나 광물과 같은 대량화물을 수송대상으로 하고, 운임은 운송계약 체결 당시의 수요와 공급에 따라 결정된다.

3) 특수전용선

특수한 화물을 운송할 수 있도록 특수시설이 갖추어진 선박을 뜻하며, 냉동선, 유조선, 광석전용선, 목재전용선, 자동차전용선 등이 있다.

2. 컨테이너

컨테이너(container)는 화물을 보다 능률적이고 경제적이며 안전하게 운송하기 위한 용기다. 컨테이너는 크기에 따라 20피트 컨테이너(길이 5,898m x 폭 2.348m x 높이 2.376m)와 40피트 컨테이너(길이 12.031m x 폭 2.348m x 높이 2.376m)로 나누어지며, 컨테이너의 대형화에 따라 45피트 점보컨테이너와 High Cubic 컨테이너의 사용도 늘어나고 있다.

또한 용도에 따라 일반화물을 적재하는 드라이컨테이너(Dry Cargo Container), 농산물이나 축산물같이 보온 또는 보냉운송이 필요한 화물을 적재하는 냉동컨테이너(Refrigerated Container, Reefer Container), 지붕이 개방된 오픈탑컨테이너(Open Top Container), 액체상태의 식품이나 화학제품을 적재하는 탱크컨테이너(Tank Container), 살아있는 동물을 수송하는데 사용하는 라이브스탁컨테이너(Live Stock Container) 등이 있다.

컨테이너와 관련된 주요 용어는 다음과 같다.

1) FCL과 LCL

FCL은 Full Container Load의 약자로 단독으로 컨테이너 1대 이상 채울 수 있는 양의 화물을 뜻하고, LCL은 Less than Container Load의 약자로 단독으로 컨테이너를 채울 수 없는 소량화물을 뜻한다.

FCL이냐 LCL이냐에 따라 운임의 계산방법이 달라진다. 즉 FCL의 경우에는 화물의 양과 상관없이 컨테이너 한 대당 운임이 부과되고, LCL의 경우에는 CBM당 운임이 부과된다.

2) CBM

CBM이란 Cubic Meter의 약자로서 부피의 단위이며, 가로, 세로, 높이가 각각 1미터일 때의 부피를 1 CBM이라고 한다. 수출화물의 CBM을 계산하기 위해서는 우선 화물을 포장한 카튼박스의 규격(가로 · 세로 · 높이)을 곱해서 박스 하나의 CBM을 구한 다음 총박스 수를 곱하면 된다.

예를 들어 가로 · 세로 · 높이가 각각 50cm, 60cm, 100cm인 박스 10개에 포장된 물건을 수출한다고 하면, 박스 하나의 CBM은 0.5 x 0.6 x 1= 0.3 CBM이고, 전체 화물의 CBM은 0.3 x 10 = 3 CBM이 된다.

이론적으로 20피트 컨테이너의 최대적재용량은 33.2 CBM이고 40피트 컨테이너의 최대적재용량은 67.11 CBM이나, 선적과정에서 발생하는 공간을 감안하여 평균적으로 20피트 컨테이너에는 25 CBM, 40피트 컨테이너에는 55 CBM 정도를 적재한다.

따라서 수출화물의 총 CBM을 계산해서 25 CBM에 근접하면 FCL로 처리하고, 25 CBM에 크게 미치지 못하는 소량화물의 경우에는 LCL로 처리한다.

3) CT

CT는 Container Terminal의 약자로서 컨테이너 전용부두에 설치되어 있는 컨테이너 집결지를 뜻하며, 수출화물이 선적되기 전이나 수입화물이 하역되어 대기하는 장소이다.

4) CY

CY는 Container Yard의 약자이며 컨테이너 터미널 내에 위치한 컨테이너 야적장으로서 수출시 선박에 컨테이너를 싣기 전이나 수입시 선박에서 내린 컨테이너를 모아두는 장소를 뜻한다. 선박회사의 입장에서 수많은 송하인 또는 수하인을 상대로 개별적으로 컨테이너를 인수하거나 인도하기가 힘들기 때문에 CY를 지정해서 송하인 또는 수하인들로 하여금 CY에서 화물을 인도하거나 인수해가도록 한다.

5) CFS

CFS는 Container Freight Station의 약자이며 복수의 송하인으로부터 LCL 화물을 인수해서 컨테이너에 적재하는 작업을 하거나, 수입된 LCL 화물을 컨테이너에서 하역하는 작업을 하는 장소로서 컨테이너 작업장이라고 부른다. FCL 화물은 개별 송화인이나 수화인이 원하는 장소에서 컨테이너에 물건을 적재하거나 하역하지만 LCL 화물의 경우에는 컨테이너 터미널에 위치한 CFS에서 물건을 적재하거나 하역함으로서 복수의 장소에서

물건을 적재하거나 하역하는 데 따르는 비용 및 시간상의 낭비를 막을 수
있다.

6) ICD

Inland Container Depot 또는 Inland Clearance Depot의 약자로서 내
륙컨테이너기지 또는 내륙컨테이너화물통관기지라고 부른다. 내륙에 위
치한 컨테이너기지로서 항구나 공항과 마찬가지로 컨테이너 화물처리를
위한 시설을 갖추고 수출입화물의 통관, 화물집하, 보관, 분류, 간이보세
운송, 관세환급 등 종합물류터미널로서의 기능을 다하는 지역을 뜻한다.

ICD를 이용할 경우 유통기일 축소와 물류비 절감효과는 물론 신속한
통관 및 B/L 발급을 통해서 수출대금의 조기회수가 가능하다. 현재 우리
나라에는 경기도 의왕시에 의왕 ICD와 경남 양산에 양산 ICD가 운영되고
있다.

7) Storage Charge

화물이 입고되어 출고될 때까지 보관료조로 터미널에서 화주에게 징수
하는 비용

8) Demurrage Charge

컨테이너를 정해진 기간 내에 가져가지 않을 때 선박회사가 화주에게
부과하는 비용. Bulk cargo의 경우에는 정해진 기간 내에 선적이나 하역
을 하지 못해서 선박의 출항이 지연되는 경우 선박회사에서 화주에게 부

과하는 체선료를 뜻함

9) Detention Charge

컨테이너를 정해진 기간 내에 반납하지 않을 때 지연된 반납에 대한 피해보상 명목으로 선박회사에서 화주에게 부과하는 비용

운송절차

1. 운송절차

무역운송의 주를 이루는 해상운송을 기준으로 운송절차를 살펴보면 다음과 같다.

① 송하인이 운송인에게 선적의뢰서(S/R; Shipping Request)를 보낸다.
실무적으로는 정식 S/R을 발행하지 않고 상업송장(commercial invoice)과 포장명세서(packing list)만 보내주고 선적의뢰를 하는 경우가 많으나 업무상 착오를 방지하고 문제 발생시 해결이 용이하도록 정식으로 S/R을 작성해서 보내주는 것이 바람직하다.

② S/R을 접수한 운송인은 화물예약을 마치고 선박의 선장 또는 일등항해사 앞으로 선적지시서(S/O; Shipping Order)를 보낸다.

③ CY 및 CFS 오퍼레이터가 부두에서 컨테이너를 인수하고 부두수취증(D/R; Dock Receipt)에 서명한 후 송하인에게 전해준다. Bulk cargo의 경우에는 부두수취증 대신에 본선인수증(M/R; Mate's Receipt)을 발행한다.

④ 송하인은 운송인에게 부두수취증 또는 본선인수증을 제시하고 선하증권(B/L; Bill of lading)을 발급받는다.

⑤ 운송인은 화물을 선박에 적재하여 운송하고 해당 선박이 도착하기 전에 수하인(consignee)에게 화물의 도착을 알리는 도착통지서(Arrival Notice)를 발송한다.

⑥ 화물이 도착하면 수하인은 선하증권을 운송인에게 제시하고 운송인으로부터 화물인도지시서(D/O; Delivery Order)를 교부받는다.

⑦ 선박이 도착하면 FCL화물은 CY에 반입되고, LCL화물은 CFS로 이송되어 컨테이너에서 적출(devanning)된다.

⑧ 수하인은 화물인도지시서를 제시하고 CY 또는 CFS에서 화물을 인수한다.

실제 운송과정에서는 송하인과 수하인을 대신해서 복합운송주선인(freight forwarder)이 운송인을 상대하는 것이 일반적이다.

2. 해상운임

정기선의 해상운임(ocean freight)은 기본운임(Basic Rate)에 다음과 같은 부대운임을 더해서 결정된다.

① **유류할증료**(BAF; Bunker Adjustment Factor)

선박의 주 연료인 벙커유의 가격변동에 따르는 손실을 보전하기 위해서 부과하는 할증료

② **통화할증료**(CAF; Currency Adjustment Factor)

운임표시 통화의 가치하락에 따른 손실을 보전하기 위해서 부과하는 할증료

③ **터미널화물처리비**(THC; Terminal Handling Charge)

수출화물의 경우 CY에 입고된 시점부터 본선선측에 도착할 때까지, 수입화물의 경우에는 본선선측에서부터 CY에 입고될 때까지 화물의 이동에 따르는 화물처리 비용

④ **CFS 작업료**(CFS Charge)

소량화물(LCL Cargo)을 선적지에서 혼적하거나 도착지에서 분류하는데 발생하는 비용

⑤ **부두사용료**(Wharfage)

부두소유자가 부두의 유지 · 개조를 위하여 사용자로부터 징수하는
비용

⑥ **서류발급비**(Documentation Fee)

선박회사가 일반관리비를 보전하기 위해서 수출시에는 선하증권을
발급할 때, 수입시에는 화물인도지시서를 발급해줄 때 징수하는 비용

⑦ **체선료**(Demurrage Charge)

무료장치기간 내에 화물을 CY에서 반출하지 않을 경우 부과하는 요금

선하증권

선하증권(B/L; Bill of Lading)은 선박회사 또는 포워더가 발행하며, 증권에 기재된 조건에 따라 화물을 운송하여 증권의 정당한 소지인에게 인도할 것을 약정하는 유가증권이다. 수출자는 물품을 선적한 후 선하증권을 발급받아서 수입자 또는 은행에 제출하고, 수입자는 선하증권을 선박회사에 제출하고 물품을 인도받는다.

1. 선하증권의 종류

일반적인 무역거래시 신용장에서 요구하는 선하증권은 다음과 같다.

① Full set of ② clean ③ on board ④ ocean bill of lading ⑤ made

out to the order of New York Bank ⑥ marked freight prepaid and ⑦
notify applicant

① full set of B/L (선하증권 원본 전통)

선하증권은 이와 상환하여 화물을 인도하기로 약속하는 유가증권이
므로 분실시 화물을 인도받을 수 없다. 통상 선하증권은 분실 가능성에
대비하기 위하여 세 통의 원본을 발행하며, 그 중 한 통을 제시하면 나
머지 두 통은 무효가 된다. 신용장에서 full set of bill of lading을 요구
하는 것은 발행된 선하증권 원본 모두를 제출하라는 뜻이다.

② clean B/L (무사고선하증권)

선하증권의 remark난에 아무런 하자내용이 기재되지 않은 무사고선
하증권을 뜻한다. 이와 반대로 운송인이 화물을 인수받았을 때 포장상
태나 수량 등에 하자가 있을 경우 추후 책임을 지지 않기 위해서
remark난에 하자내용을 기재한 선하증권을 사고선하증권(foul B/L or
dirty B/L)이라고 한다.

사고선하증권은 은행에서 매입을 거절하므로 수출자는 하자내용을
보완한 후 무사고선하증권을 발급받아야 한다. 선적기일 내에 하자보
완이 불가능한 경우에는 선박회사에 파손화물보상장(L/I; Letter of
Indemnity)을 제출하고 무사고선하증권을 교부받을 수 있다.

파손화물보상장이란 화물 인수시 발견된 하자로 인해서 발생하는 화
물의 손상에 대해서 하주가 책임을 지며 선박회사는 면책된다는 내용

을 기재한 서식으로서 이 서식에 의거 파손화물에 대한 최종 보상책임은 수출자가 부담하게 된다.

③ on board B/L (본선적재선하증권)

화물이 본선상에 적재되었음을 나타내는 선하증권을 뜻한다. 한편 화물을 부두창고나 부두장치장 등에서 인수하여 선박에 적재되기 전에 발행한 B/L은 수취선하증권(received B/L)이라고 하며 은행으로부터 매입을 거절당할 수 있다.

④ ocean B/L (해상선하증권)

해상운송시 발행되는 선하증권으로서 국내항구 간 또는 내륙운송시에 발행되는 선하증권과 구분하여 사용한다.

⑤ made out to the order of New York Bank (뉴욕은행의 지시식으로 작성)

Consignee의 표시문언으로서, consignee(수하인)란 B/L상에 화물의 인수자로 지정되어 있는 자를 뜻한다.

Consignee는 결제방식에 따라 달라지는데, 송금방식의 경우에는 consignee난에 수입자의 상호와 주소를 기재하고, 신용장방식의 경우에는 신용장에 표시된 문구에 따라 'to order' 또는 'to order of 개설은행' 이라고 기재한다.

이와 같이 수하인을 지정하지 않고 지시식으로 표기한 선하증권을 지시식선하증권(order B/L)이라고 하고 수하인을 지정해 놓은 선하증권을 기명식선하증권(straight B/L)이라고 한다.

신용장방식의 거래에서 지시식선하증권을 사용하는 이유는 수입자가 신용장대금을 결제하지 않을 경우 개설은행에서 자체적으로 화물을 처분할 수 있도록 하기 위함이다.

즉 처음부터 consignee를 수입자로 지정해 놓으면 수입자가 신용장대금을 결제하지 않았을 때 은행에서 화물을 처리하는 데 문제가 있으므로 은행의 지시에 따르도록 하는 것이다.

⑥ marked freight prepaid (운임선불 표시)

Freight prepaid란 화물을 운송하기 전에 운임을 미리 지급하는 것을 뜻하며, CIF와 같이 가격에 운임이 포함된 거래조건으로 계약한 경우 B/L 상에 freight prepaid라고 표시한다.

한편 freight collect란 화물이 도착한 후에 운임을 지급하는 것을 뜻하며, FOB와 같이 가격에 운임이 포함되지 않은 거래조건으로 계약한 경우 B/L 상에 freight collect라고 표시한다.

⑦ notify party (통지인)

통지인이란 운송인이 화물의 도착을 통지해주는 상대방으로서 통상적으로 신용장개설의뢰인(applicant)인 수입자를 통지인으로 지정한다.

한편 신용장에 명시된 제시기한이 경과한 B/L을 stale B/L이라고 하며 은행에서 수리하지 않는다. 신용장에 제시기한이 명시되어 있지 않으면 선적일로부터 21일이 경과한 B/L을 stale B/L로 간주한다.

또한 서류보다 물건이 먼저 도착하는 인접국가 간의 거래나 중계무역과 같은 특수한 상황에서는 다음과 같은 방식을 활용한다.

① Surrendered B/L

Surrendered B/L이란 original B/L의 발행을 포기하거나 반납함으로써 수하인이 original B/L 없이 화물을 찾을 수 있도록 하는 것이다.

B/L을 surrender하기 위해서는 shipper가 운송인으로부터 발급받은 original B/L에 배서한 후 반납하거나, original B/L이 발행되기 전에 별도의 요청서를 제출하여 original B/L 발행을 포기한다.

Surrender된 B/L은 전면 하단부에 "SURRENDERED"라는 스탬프가 찍혀 있다. 선적지의 운송인은 별도의 메시지를 통해서 B/L이 surrender되었음을 도착지의 운송인에게 통보하고, 수하인은 shipper로부터 B/L 사본을 전달받아 운송인에게 제출하고 화물을 인수한다.

Surrendered B/L은 우리나라와 중국, 일본, 대만 등과 같은 인접국가 간의 무역거래에서 선적서류보다 화물이 먼저 도착할 경우, original B/L이 도착하기 전에 화물을 인수할 수 있도록 고안된 방식으로서, 물품대금 전액이 사전에 송금되고 물품이 선적되는 경우에 주로 활용된다.

② Switch B/L

중계무역에 이용되는 방식으로서 중계무역상이 수입자에게 원수출자가 노출되는 것을 원하지 않을 때 선적지에서 발행된 original B/L을 운송사에 반납하거나 original B/L의 발행을 surrender하고 shipper를 중계무역상으로 교체하여 새로운 B/L을 발급받는 것을 뜻한다.

Switch B/L 방식을 활용하기 위해서는 최종수입자와 운임이 가격에 포함된 거래조건으로 계약하고, 사전에 포워더와 새로운 B/L의 발행이 가능한지를 확인해두어야 한다.

③ Third Party B/L

B/L상의 shipper가 계약당사자인 수출자 대신 제3자가 되는 것으로 주로 중계무역에서 사용된다. 예를 들어 한국의 중계무역상이 중국의 공급자로부터 물건을 구입하여 미국으로 직접 선적토록 하는 경우 중국 공급자를 shipper로 하여 발행된 B/L을 third Party B/L이라고 한다.

선하증권의 재발행

수출자가 선하증권 원본을 분실하면 수출대금을 받을 수 없고, 수입자가 분실하면 화물을 인도받을 수 없다. 따라서 운송인에게 원본을 재발행해 달라고 요청해야 하는데 운송인의 입장에서는 원본의 재발행이 동일한 화물에 대한 권리자가 복수가 되는 결과를 초래하므로 적정한 보호 장치가 있어야만 원본을 재발행 해준다.

여기서 적정한 보호장치란 법원으로부터 분실선하증권의 무효 및 제권판결(除權判決)을 받거나 송장가격의 130%~200%에 해당하는 금액을 담보로 제공하는 것이다. 하지만 법원의 공시제권판결은 공고 종료일로부터 3~6개월의 장기간이 소요되고, 담보제공의 경우에도 최초에 발행되었던 선하증권의 원본 소지자가 화물인도를 청구할 경우에 대비하기 위해서 상당기간(보통 1.5년) 보관 후에 반환된다는 문제점이 있다.

해상화물운송장

해상화물운송장(SWB ; Sea Waybill)은 운송인이 화물을 인수하였음을 증명하고 동 화물을 운송하여 운송장에 명시한 수하인에게 인도할 것을 약정하는 운송계약증서이다.

해상화물운송장은 화물인수증이자 운송계약의 증빙서류라는 점에서는 선하증권과 다를 바 없으나, 화물에 대한 청구권을 갖는 유가증권이 아니며 유통시킬 수 없다는 점에서 선하증권과 구별된다.

수하인이 물품을 수령할 때 운송인에게 해상화물운송장을 제출할 필요가 없으므로 인접국가 간의 거래에서 화물보다 서류가 늦게 도착함으로써 물품의 인도가 지연되는 것을 피할 수 있으며, 원본 분실의 위험으로부터 자유로울 수 있다는 등의 장점이 있다.

2. 선하증권 작성 요령

① **Shipper**(송하인) : shipper의 상호와 주소를 기재한다.

② **Consignee**(수하인) : 결제방식이 송금방식이나 추심방식일 때는 수입자의 상호 및 주소를 기재하고, 신용장방식일 때는 신용장의 documents required 항에 명시된 대로 'to order', 'to order of shipper', 'to order of 개설은행' 등과 같이 기재한다.

③ **Notify Party**(통지인) : 수입자의 상호와 주소를 기재한다.

④ **Ocean Vessel** : 선박명을 기재한다.

⑤ **Port of Loading** : 선적항 및 국명을 기재한다.

⑥ **Place of Receipt** : 운송인이 송하인으로부터 화물을 수취하는 장소로서 'Busan CY', 'Busan CFS' 등과 같이 기재한다.

⑦ **Voyage No** : 항차번호를 기재한다.

⑧ **Port of Discharge** : 양륙항 및 국명을 기재한다.

⑨ **Place of Delivery** : 운송인이 수하인에게 화물을 인도하는 장소를 기재한다.

⑩ **Final Destination** : 복합운송의 경우 최종목적지를 기재한다.

⑪ **B/L No.** : 선하증권번호를 기재한다.

⑫ **Flag** : 선박의 등록국적을 기재한다.

⑬ **Container No.** : Container No.를 기재한다.

⑭ **Seal No.** : 컨테이너에 봉인한 Seal No.를 기재한다.

⑮ **No. & Kinds of Containers or Packages** : 컨테이너 개수나 포장

개수를 기재한다.

⑯ Description of Goods : Commercial Invoice에 기재된 상품명을 기재한다.

⑰ Gross Weight : 총중량을 기재한다.

⑱ Measurement : 부피를 기재한다.

⑲ Freight and Charges : 운임 및 비용을 기재한다.

⑳ Revenue Tons : 중량과 용적 중에서 운임이 높게 계산되는 것을 택하여 기재한다.

㉑ Rate : Revenue Ton당의 운임단가 및 부대비용 등을 기재한다.

㉒ Per : 중량단위 또는 용적단위를 기재하고 Full Container는 Van 단위로 기재한다.

㉓ ㉔ Prepaid Collect : 거래조건에 따라 해당 난에 운임을 기재한다. 예를 들어 CIF 조건일 경우에는 Prepaid난에 운임을 기재하고 FOB 조건일 경우에는 Collect난에 기재한다.

㉕ Freight Prepaid At : CIF와 같이 운임선불조건인 경우의 운임이 지불되는 장소를 기재한다.

㉖ Freight Payable At : FOB와 같이 운임이 수하인 부담인 경우에 운임이 지불되는 장소를 기재한다.

㉗ No. of Original B/L : Original B/L의 발행통수를 기재한다.

㉘ Place and Date of Issue : 선하증권 발행장소, 발행일자를 기재한다.

㉙ On Board Date : 선적일자를 기재한다.

㉚ Carrier Name : B/L 발행권자의 서명을 표시한다.

Bill of Lading

①Shipper/Exporter	⑪B/L No. : HONEST12345678		
SMILE CORPORATION 123, SAMSUNG-DONG, KANGNAM-KU SEOUL, KOREA			

②Consignee
TO THE ORDER OF NEW YORK BANK

③Notify Party
HAPPY CORPORATION 111, HAPPY ROAD NEW YORK, USA

Pre-Carriage by	⑥Place of Receipt Busan CY	
④ Ocean Vessel OCEAN GLORY	⑦Voyage No. 123E	⑫Flag KOREA

⑤Port of Loading ⑧Port of Discharge ⑨ Place of Delivery ⑩ Final Destination(For the Merchant Ref.)
BUSAN, KOREA NEW YORK, USA   New York CY

⑬Container No.	⑭Seal No. Marks & No	⑮No. & Kinds of Containers or Packages	⑯Description of Goods	⑰Gross Weight	⑱Measurement
TEXU0101	N/M	1 CNTR	SPORTS ACCESSORIES 1,700 PCS	3,208 KGS	24.532 CBM
Total No. of Containers or Packages(in words) SAY : ONE(1) CONTAINER ONLY			"FREIGHT PREPAID"		

⑲Freight and Charges	⑳Revenue tons	㉑Rate	㉒Per	㉓Prepaid	㉔Collect
AS ARRANGED					

㉕Freight prepaid at BUSAN, KOREA	㉖Freight payable at	㉘Place and Date of Issue JUNE 12, 2020, SEOUL Signature
Total prepaid in	㉗No. of original B/L THREE(3)	
㉙Laden on board vessel Date Signature JUNE 12, 2020		㉚HONEST Shipping Co. Ltd. as agent for a carrier, RICH Liner Ltd.

운송관련 용어

1. 선적관련 용어

• S/R (선복신청서)

Shipping Request의 약어로서 shipper가 선박회사에 화물을 선적할 공간을 요청하는 서식이다.

• S/O (선적지시서)

Shipping Order의 약어로서 선박회사에서 선장 또는 일등항해사에게 화물을 적재하여 목적지까지 운송할 것을 지시하는 서식이다.

• M/R (본선인수증)

Mate's Receipt의 약어로서 일등항해사가 화물수령의 증거로 발행하는 본선인수증으로서 화물이 아무런 이상 없이 선적이 완료되었다는 것을 확인하는 서식이다. 선적은 완료되었으나 화물에 이상이 있음이 확인되었을 때는 이를 비고란에 기재한다.

• L/I (파손화물보상장)

Letter of Indemnity의 약어로서 하자물품을 선적할 경우에 clean B/L을 받기 위해서 shipper가 선박회사에 책임을 전가시키지 않겠다고 서약하는 서식이다.

• D/O (화물인도지시서)

Delivery Order의 약어로서 화물이 도착하였을 때 선박회사에서 선장이나 하역업자에게 물건을 수입자에게 인도하도록 지시하는 서식이다.

• 선적통지 (Shipping Notice)

수출자가 수입자에게 선적스케줄을 통보하는 것

• 도착통지 (Arrival Notice)

운송인이 통지인(notify party)에게 화물의 도착스케줄을 통보하는 것

• Partial Shipment (분할선적)

물품을 한꺼번에 싣지 않고 두 차례 이상 나누어 싣는 것으로서 공급자의 재고부족이나 수입자의 판매계획에 따라 여러 차례에 나누어 선

적하는 것이 바람직할 때 허용된다.

• Transshipment (환적)

　물품을 선적항에서 도착항까지 같은 선박으로 운송하지 않고 중간기착지에서 다른 선박에 옮겨 싣는 것. 목적지까지 항해하는 선박이 없거나 있더라도 자주 운항하지 않을 때 수입자의 동의하에 환적이 이루어진다. 단 feeder선을 이용하는 것은 환적으로 보지 않으며, 선적항의 선명과 하역항의 선명이 다른 경우는 환적으로 본다.

• TEU와 FEU

　TEU는 Twenty Foot Equivalent Unit, FEU는 Forty Foot Equivalent Unit의 약어로서 2만 TEU급 컨테이너선이라고 하면 20피트 컨테이너 2만 개를 실을 수 있는 컨테이너선을 뜻한다.

• ETD와 ETA

　ETD는 Estimated Time of Departure의 약자로서 예상출발일자를 뜻하며, ETA는 Estimated Time of Arrival의 약자로서 예상도착일자를 뜻한다.

2. 수입화물선취보증서(L/G; Letter of Guarantee)

　수입화물선취보증서란 수입자와 신용장개설은행이 연대하여 선박회사에 선하증권 원본이 도착되는 대로 이를 제출할 것과 선하증권 원본없이 물품을 인도받는 데 따른 모든 문제에 대해서 선박회사에게 책임을 지우지 않겠다고 보증하는 서류이다.

　우리나라와 일본, 대만, 중국 등과 같은 인접국가의 거래처와 신용장방식으로 거래하면 화물은 2~3일이면 도착하는 반면에 B/L 원본은 이보다 늦게 개설은행에 도착할 가능성이 높다. 따라서 수입자의 입장에서는 이미 화물이 도착했는데도 불구하고 B/L 원본이 도착하지 않아서 화물을 인수할 수 없는 문제에 봉착하게 된다.

　이런 문제를 해결하기 위해서 사용하는 것이 수입화물선취보증서이며, 수입자는 선박회사에 수입화물선취보증서를 제출하고 화물을 인수한다.

LETTER OF GUARANTEE

Date :

①Shipping Co.		⑥Number of Credit	⑦L/G No	
		⑧Number of B/L		
②Shipper		⑨Vessel Name		
		⑩Arrival Date		
		⑪Voyage No.		
③Invoice Value		⑫Port of Loading		
		⑬Port of Discharge		
④Nos. & Marks	⑤Packages	⑭Description of Goods		

In consideration of your granting us delivery of the above mentioned cargo which we declare has been shipped to our consignment, but Bills of Lading of which have not been received, we hereby engage to deliver you the said Bills of Lading as soon as we receive them and we further guarantee to indemnify yourselves and / or the owners of the said vessel against any claims that may be made by other parties on account of the aforesaid cargo, and to pay to you on demand any freight or other charges that may be due here or that may have remained unpaid at the port of shipment in respect to the above-mentioned goods.

In the event of the Bills of Lading for the cargo herein mentioned being hypothecated to any other bank, company, firm or person, we further guarantee to hold you harmless from all consequences what so ever arising therefrom and furthermore undertake to inform you immediately in the event of the Bills of Lading being so hypothecated.

Yours faithfully

_____

Party claiming right of delivery

We hereby guarantee to surrender to you the corresponding Bills of Lading. Kindly be advised that this guarantee shall be automatically null and void upon your acknowledging receipt of the corresponding Bills of Lading which are to be endorsed and presented to you by bank for the only purpose of the redemption of this letter of guarantee.

_____

Authorized Signature
Bank.

870912136-5513(1)B-6 (210 × 297)

항공화물운송장

AWB; Air Waybill

항공화물운송장은 항공으로 화물을 운송할 경우 항공사 또는 항공화물 운송대리점에서 발행하는 항공화물수령증이다. 선하증권은 유가증권으로서 유통이 가능한 반면에 항공운송장은 화물의 수령을 증명하는 영수증에 불과하며 유통이 불가능하다.

항공운송장은 기명식으로만 발행되며, 항공운송장상에 명시된 consignee에게 화물이 인도되는 순간 효력이 소멸된다. 항공화물운송장은 3장의 원본이 발행되며, 제1원본(녹색)은 운송인용, 제2원본(적색)은 수하인용, 제3원본(청색)은 송화인용이다.

Shipper's Name and Address	Shipper's Account Number		
SMILE CORPORATION 123, SAMSUNG-DONG, KANGNAM-KU SEOUL, KOREA		**Not negotiable** **Air Waybill** *issued by* Copies 1, 2 and 3 of this Air Waybill are originals and have the same validity.	**KOREAN AIR**

Consignee's Name and Address	Consignee's Account Number
NEW YORK BANK NEW YORK NOTIFY APPLICANT HAPPY CORPORATION 111, HAPPY ROAD NEW YORK, USA	It is agreed that the goods described herein are accepted in apparent good order and condition (except as noted) for carriage SUBJECT TO THE CONDITIONS OF CONTRACT ON THE REVERSE HEREOF. THE SHIPPER'S ATTENTION IS DRAWN TO THE NOTICE CONCERNING CARRIER'S LIMITATION OF LIABILITY. Shipper may increase such limitation of liability by declaring a higher value for carriage and paying a supplemental charge if required.

Telephone :

Issuing Carrier's Agent Name and City	Accounting Information
HONEST CARGO LTD	RATE CHARGE

Agent's IATA Code	Account No.	EX RATE USD 1.00 = KRW 1,000
57193220011	57193220011	AIR FREIGHT PREPAID 0901EA020

Airport of Departure(Addr. of First Carrier) and Requested Routing
INCHEON AIRPORT

TO NY	By First Carrier KOREAN AIR	Routing and Destination	to	by	to	by	Currency USD	CHS Code	WT/VAL PPD / COLL PP	Other PPD / COLL PP	Declared Value for Carriage N.V.D.	Declared Value for Customs N.C.V.

Airport of Destination NEW YORK AIRPORT	Flight/Date	For Carrier Use Only	Flight/Date	Amount of Insurance NIHILL	INSURANCE—If Carrier offers insurance, and such insurance is requested in accordance with conditions on reverse hereof, indicate amount to be insured in figures in box marked 'amount of insurance'.

Handling Information

No. of Pieces RCP	Gross Weight	kg/lb	Rate Class Commodity Item No.	Chargeable Weight	Rate / Charge	Total	Nature and Quantity of Goods (incl. Dimensions or Volume)
1	18,000	K		18.0	12.48	224.64	1,700 PCS OF SPORTS ACCESSORIES COUNTRY OF ORIGIN : R.O.K. CIF NEW YORK AIRPORT FREIGHT PREPAID L/C NUMBER : L12345678
1	18,000	K				224.64	

Prepaid	Weight Charge	Collect	Other Charges
224.64			FSC USD 9.00 EAA USD 20.00
Valuation Charge			AWA USD 20.00 MZA USD 20.00
			CHA USD 40.00 SOA USD 10.00
Tax			

Total Other Charges Due Agent	Shipper certifies that the particulars on the face hereof are correct and that insofar as any part of the consignment contains dangerous goods, such part is properly described by name and is in proper condition for carriage by air according to the applicable Dangerous Goods Regulations.
110.00	
Total Other Charges Due Carrier	HOPE CARGO LTD AS AGENT FOR CARRIER KOREAN AIR
9.00	
	Signature of Shipper or his Agent

Total Prepaid	Total Collect			
343.64		12/06/2020	SEOUL	JOHN KIM
Currency Conversion Rates	CC Charges in Dest. Currency	Executed on(date)	at(place)	Signature of Issuing Carrier or its Agent

For Carrier's Use Only at Destination	Charges at Destination	Total Collect Charges	
			123 4567 8910

ORIGINAL 3(FOR SHIPPER)

236

선하증권과 항공화물운송장의 차이점

구분	선하증권	항공화물운송장
유가증권 여부	유가증권	유가증권이 아닌 화물수취증
양도가능 여부	양도가능(negotiable)	양도불가능(non-negotiable)
발행시기	일반적으로 선적 후	창고 반입 후
수하인	대부분 지시식	기명식
작성자	선박회사	송하인이 작성하는 것이 원칙이나 보통 항공사나 항공사의 대리점이 작성

신용장방식으로 거래하는 경우 AWB상의 consignee가 개설은행으로 명시되기 때문에 수입자가 항공사로부터 화물을 인수하기 위해서는 개설은행의 승낙이 필요하다. 이와 같은 취지로 발행되는 것이 항공수입화물 인도승낙서이며, 수입자는 개설은행으로부터 항공수입화물 인도승낙서를 발급받아서 항공사에 제출하고 화물을 인수한다.

항공수입화물 인도승낙(신청)서

서울은행앞

운송회사명		신용장 등 번호	
		항공화물운송장 내용	
		운송장 번호	
송하인		발행일	
		비행편번호	
수하인		도착일	
		출발공항	
		도착공항	
상업송장 금액			화물표시 및 번호
물품명세	물품명 수 량		

　본인은 귀행이 수하인으로 되어 있는 항공화물 운송장에 의하여 위 수입화물을 수취하고자 귀행의 인도승낙을 신청하며 이로 말미암아 발생하는 위험과 책임 및 비용은 모두 본인 부담으로 하겠습니다. 또한 관계 선적서류가 귀행에 도착하기전 선취하는 경우 선적서류 도착시 서류의 불일치 등 어떠한 흠이 있더라도 틀림없이 인수할 것을 확약합니다.

년　월　일

신청인

주　소

인감	
대조	

_____ 귀하

　상기 신청내용과 같이 수입화물을 인도할 것을 승낙합니다.

년　월　일

승낙권자　**서울은행장**　　　　(인)

238

10장

보험

적하보험 | 무역보험

적하보험

무역거래와 관련한 손해를 보상해주는 보험에는 적하보험과 무역보험이 있다. 적하보험은 물품이 운송되는 과정에서 발생하는 분실이나 파손에 따르는 손해를 보상해주는 보험이며, 무역보험은 물품과 상관없이 발생하는 무역업자의 손해를 보상해주는 보험이다.

1. 적하보험의 개요

무역거래는 서로 다른 국가 간의 거래이기 때문에 장거리 운송에 따르는 위험에 노출되기 마련이다. 물품이 운송되는 도중에 사고가 발생하면 물품이 분실되거나 파손되는 등의 손해를 볼 수 있기 때문에 물품이 목적지에 안전하게 도착할 때까지 안심할 수가 없다.

이와 같은 문제를 해결하기 위해서 도입된 것이 적하보험이다. 적하보험에 가입하면 운송도중 발생하는 물품의 분실이나 파손으로 인한 손해를 보상받을 수 있기 때문에 안심하고 무역거래를 할 수 있다.

수출자와 수입자 중 누가 적하보험에 가입하느냐 하는 것은 인코텀즈에서 규정한 위험의 이전시점에 따라서 판단해야 한다. 즉 위험이전이 수출국내에서 이루어지는 EXW, FOB, FCA, FAS, CFR, CPT 등의 거래조건으로 거래할 때는 수입자가 보험에 들어야 하고, 위험이전이 수입국내에서 이루어지는 DAT, DAP, DDP 조건으로 거래할 때는 수출자가 보험에 들어야 한다. 다만 CIF나 CIP 조건의 경우에는 위험이 수출국내에서 이전되지만 예외적으로 수출자가 보험에 가입하도록 규정해 놓고 있다.

적하보험에 가입하고 사고가 발생했을 때 보상받는 절차는 일반 손해보험과 크게 다르지 않다. 예전에는 적하보험에 가입하기 위해서 보험회사에서 요구하는 별도의 양식을 작성해야 했지만 이제는 별도의 양식을 작성하지 않고 신용장이나 계약서 또는 commercial invoice 사본을 보험회사에 전달함으로써 보험계약을 체결할 수 있다.

해상보험과 적하보험의 차이

해상보험은 해상에서 발행하는 모든 위험을 대상으로 하는 보험으로서 보험의 목적물을 기준으로 적하보험과 선박보험으로 구분할 수 있다. 이중 적하보험이란 화물이 적재될 때부터 하역될 때까지의 손해를 보상해주는 보험이라고 정의할 수 있다.

2. 담보위험의 종류

적하보험에서 보상해주는 손해는 전손(Total Loss)과 분손(Partial Loss)으로 나누어지며 구체적인 내용은 다음과 같다.

1) 전손

화물 전체가 멸실되거나 복구비용이 해당 물품의 시장가격을 초과할 정도의 손상이 발생한 경우를 뜻하며 현실전손과 추정전손으로 나누어진다.

① 현실전손(Actual Total Loss)

실제로 전체가 멸실되어 복구가 불가능할 정도로 발생한 손해

② 추정전손(Constructive Total Loss)

전체적으로 멸실되지 않았더라고 손해의 정도가 본래의 효능을 상실하거나 복구비용이 해당 물품의 시장가격을 초과하는 손해. 추정전손의 경우에는 위부에 의해서 보험금액 전액을 청구할 수 있다.

> **위부(abandonment)**
> 추정전손이 발생했을 때 비보험자가 보험목적물에 대해서 가지고 있는 일체의 권리를 보험자에게 넘겨주고 보험금액 전액을 청구하는 것.

대위(subrogation)

보험자가 보험금을 지급하는 대가로 피보험자의 피보험이익에 대한 권리 및 제3자에 대한 권리를 보험자에게 이전하는 것을 뜻하며, 이렇게 이전한 권리를 대위권(right of subrogation)이라고 한다.

2) 분손

화물의 일부만이 손상을 입는 경우로서 전손이 아닌 손해는 모두 분손으로 간주하며 단독해손과 공동해손으로 나누어진다.

① 단독해손(Particular Average)

전체 화물의 일부만 멸실되거나 손상된 경우 해당 화물의 피보험자가 단독으로 부담하는 손해를 일컬으며 공동해손 이외의 분손은 모두 단독해손으로 처리한다.

② 공동해손(General Average)

공동의 안전을 위협하는 위험을 피하기 위해서 이해당사자가 공동으로 부담하는 손해

3. 적하보험의 조건

적하보험의 조건은 구약관과 신약관으로 나누어진다. 구약관은 1912
년 런던보험자협회가 주관하여 제정하였으며, A/R(All Risk), WA(With
Average), FPA(Free From Particular Average)로 나누어진다. 신약관은
1982년에 제정되고 2009년에 개정되었으며, 구약관의 A/R과 유사한
ICC(A), WA와 유사한 ICC(B), FPA와 유사한 ICC(C)로 나누어진다.

런던보험자협회는 1983년 4월 1일부터 강제적으로 신약관을 사용하도
록 하고 있으나, 우리나라를 포함한 많은 나라들이 아직도 구약관과 신약
관을 병행해서 사용하고 있다.

구약관과 신약관에서 규정한 담보위험은 다음과 같다.

담보위험	A/R	ICC(A)	WA	ICC(B)	FPA	ICC(C)
전손	O	O	O	O	O	O
공동해손	O	O	O	O	O	O
구조료	O	O	O	O	O	O
특별비용	O	O	O	O	O	O
손해방지비용	O	O	O	O	O	O
좌초, 침몰, 화재, 충돌로 인한 단독해손	O	O	O	O	O	O
피난항에서의 하역중의 손해	O	O	O	O	O	O
하역 또는 환적 작업중 적하품 한 개의 포장단위의 전손	O	O	O	O	O	X
투하	O	O	O	O	X	O
갑판유실	O	O	O	O	X	X
악천후로 인한 해수 침손	O	O	O	O	X	X
기타의 분손	O	O	X	X	X	X

4. 면책위험

면책위험이란 손해에 대한 보험자의 책임이 면제되는 위험으로서 피보험자의 입장에서 보상받을 수 없는 위험을 뜻한다. 신약관에서 적용되는 면책위험은 다음과 같다.

1) 일반면책위험
- 피보험자의 고의적인 위법행위로 인한 손해
- 화물의 통상적인 누손, 중량 또는 용적상의 손실 및 자연소모
- 화물의 포장 또는 준비의 불완전 또는 부적합으로 인한 손해
- 화물의 고유의 하자 또는 성질로 인하여 발생하는 손해
- 항해지연으로 인해 발생하는 손해
- 불법행위에 의한 고의적인 손상 또는 파괴(행위자 불문)
- 선주, 관리자, 용선자 또는 운항자의 파산이나 채무불이행으로 인해 발생하는 손해
- 원자력 및 방사선 관련무기 사용으로 인한 손해

불법행위에 의한 고의적인 손상 또는 파괴는 ICC(A) 조건에서는 면책위험에 포함되지 않는다.

2) 불내양성 및 부적합성 면책위험
선박이 항해하거나 컨테이너 또는 지게차가 화물을 운송하는 데 부적

합한 사유로 인해서 발생하는 위험

3) 전쟁면책위험

전쟁, 내란, 혁명, 모반, 반란, 포획, 나포, 억류(해적행위 제외) 및 유기
된 기뢰, 어뢰, 폭탄 등으로 인해서 발생하는 위험

해적위험은 구약관에서는 면책위험에 포함되었으나 신약관에서는 전쟁면책
약관에서 배제됨으로써 ICC(A) 조건으로 보험에 가입하면 보상받을 수 있다.

4) 동맹파업면책위험

동맹파업, 직장폐쇄, 노동분쟁 등으로 인해서 발생하는 위험

운송도중 발생하는 다양한 위험으로 인한 손해를 충분히 보상받기 위해서는
ICC(A) 또는 A/R 조건으로 가입하면서 협회전쟁약관(Institute War Clause)
및 협회파업폭동소요약관(Institute Strike Riot Civil Commotion Clause)
등과 같은 면책위험을 추가하는 것이 바람직하다.

5. 부가조건

신약관의 ICC(A) 조건이나 구약관의 A/R 조건에서는 보상범위에 포함
되어 있으나 나머지 조건(ICC(B), ICC(C), WA, FPA)에서는 보상범위에서

제외되는 위험들이 있다. 이런 위험들에 대해서는 부가조건으로 선택하여 보험에 가입할 수 있으며 그 내역은 다음과 같다.

- 도난 및 미도착의 위험(Theft, Pilferage and Non-delivery; TPND)
- 빗물 및 담수의 위험(Rain and/or Freshwater Damage; RFWD)
- 갈고리에 의한 위험(Hook & Hole)
- 기름 및 다른 화물과의 접촉의 위험(Contact with Oil & Other Cargo; COOC)
- 굴곡의 위험(Bending and/or Denting)
- 파손의 위험(Breakage)
- 누손 및 중량부족의 위험(Leakage and/or Shortage)
- 땀과 열의 위험(Sweat and/or Heating)
- 쥐나 해충의 위험(Rat and/or Vermin)
- 곰팡이의 위험(Mildew and Mould)
- 녹의 위험(Rust)
- 오염의 위험(Contamination)

6. 적하보험 관련용어

① 보험자(Insurer, Assurer)

보험계약의 당사자로서 통상 보험회사를 뜻한다.

② **피보험자(Insured, Assured)**

　피보험이익의 수혜자로서 사고발생시 보험금을 청구하여 지급받을 권리를 갖는 자를 뜻한다.

③ **보험계약자(Policy Holder)**

　보험료를 지급하고 보험자와 보험계약을 체결한 당사자를 뜻한다.

④ **보험금액(Insured Amount)**

　보험계약금액으로서 사고발생시 보험자가 부담하는 손해배상책임의 최고한도액. CIF금액에 10%의 희망이익을 추가한 금액이다.

⑤ **보험금(Claim Amount)**

　피보험자에게 지급하는 보상금을 뜻한다.

⑥ **보험료(Insurance Premium)**

　보험을 들기 위해 보험계약자가 보험자에게 지불하는 대금을 뜻한다.

⑦ **보험증권(Insurance Policy)**

　보험계약을 체결한 증빙으로서 보험자가 보험계약자에게 발급하는 증서를 뜻한다.

　CIF나 CIP 조건으로 거래할 때 수출자가 자신을 피보험자로 하는 보험계

약을 체결한 후 보험증권의 이면에 배서함으로써 피보험이익을 수입자(또는 신용장개설은행)에게 양도한다.

Honest Insurance Co., Ltd.
CERTIFICATE OF MARINE CARGO INSURANCE

Assured(s), etc ② SMILE CORPORATION

Certificate No. ① 00259A87523	Ref. No.③ Invoice No. SCI-0609 L/C No. L12345678
Claim, if any, payable at : ⑥ HONEST MARINE SERVICE 222 Honest Road New York Tel (202) 309-59412 Claims are payable in	Amount insured ④ USD 24,024.00 (USD21,840.00 X 110%)
Survey should be approved by ⑦ THE SAME AS ABOVE	Conditions ⑤ · INSTITUTE CARGO CLAUSE(A) 1982

⑧ Local Vessel or Conveyance	⑨ From(interior port or place of loading)
Ship or Vessel called the ⑩ OCEAN GLORY	Sailing on or about ⑪ JUNE 10, 2020
at and from ⑫ BUSAN, KOREA	⑬ transshipped at
arrived at ⑭ NEW YORK, USA	⑮ thence to

· CLAIMS ARE PAYABLE IN AMERICA IN
THE CURRENCY OF THE DRAFT.

Goods and Merchandise ⑯

1,700 PCS OF SPORTS ACCESSORIES

Subject to the following Clauses as per back hereof
institute Cargo Clauses Institute War Clauses(Cargo)
Institute War Cancellation Clauses(Cargo)
Institute Strikes Riots and Civil Commotions Clauses
Institute Air Cargo Clauses(All Risks)
Institute Classification Clauses
Special Replacement Clause(applying to machinery)
Institute Radioactive Contamination Exclusion
Clauses
Co-Insurance Clause Marks and Numbers as

Place and Date signed JUNE 9, 2020   No. of Certificates issued. ⑰ TWO

⑱ This Certificate represents and takes the place of the Policy and conveys all rights of the original policyholder

(for the purpose of collecting any loss or claim) as fully as if the property was covered by a Open Policy direct to the holder of this Certificate.

This Company agrees losses, if any, shall be payable to the order of Assured on surrender of this Certificate. Settlement under one copy shall render all others null and void.

Contrary to the wording of this form, this insurance is governed by the standard from of English Marine Insurance Policy.

In the event of loss or damage arising under this insurance, no claims will be admitted unless a survey has been held with the approval of this Company's office or Agents specified in this Certificate.

SEE IMPORTANT INSTRUCTIONS ON REVERSE
⑲ Honest Insurance Co., Ltd.

AUTHORIZED SIGNATORY
This Certificate is not valid unless the Declaration be signed by an authorized representative of the Assured.

무역보험

화물의 운송도중에 발생하는 사고로 인한 손해는 적하보험에 가입해서 보상받을 수 있으나 무역업자가 대비해야 하는 위험은 이것이 전부가 아니다. 즉 해외거래처의 계약파기, 파산, 대금지급지연 및 거부와 같은 신용위험에도 대비해야 하고, 상대국의 전쟁이나 내란 정치적 위험이나 환율의 급변동에 따른 위험에도 대비해야 한다.

무역보험은 이와 같이 적하보험에서 보상해주지 않는 다양한 위험으로부터 무역업자를 보호하고자 정부차원에서 운영하는 비영리 정책보험으로서 한국무역보험공사(www.ksure.or.kr)에서 취급한다.

무역보험은 수출보험과 수입보험으로 나누어지며 주요 내용은 다음과 같다.

1. 수출보험

1) 수출보험의 기능

① 수출거래상의 불안제거 기능

수출거래에 따르는 다양한 위험에 대한 부담을 해소시켜줌으로써 안심하고 수출활동을 할 수 있도록 한다.

② 금융보완적 기능

수출대금의 미회수 위험을 담보함으로써 금융기관이 보다 유리한 조건으로 수출자에게 자금을 지원할 수 있도록 한다.

③ 수출진흥정책 수단의 기능

저렴한 보험료와 수출자에게 최대한 유리한 보상제도를 운영함으로써 수출경쟁력을 강화시킨다.

④ 해외수입자에 대한 신용조사 기능

보험사고를 방지하기 위해서 해외수입자의 신용상태와 수입국의 정치 경제상황을 다각적으로 조사한다.

2) 수출보험의 운영

① 운영방법

수출보험은 인수방식에 따라 개별보험과 포괄보험으로 나누어진다. 개별보험이란 보험계약자가 보험에 가입할 거래를 임의로 선택하고 보험자는 그 내용을 심사하여 인수여부를 결정하는 방식이며, 포괄보험이란 보험계약자가 일정기간 내 특정상품 및 특정 결제조건의 수출을 의무적으로 보험에 가입하고 보험자는 이를 자동으로 인수하는 방식을 뜻한다.

포괄보험은 개별보험보다 보험료가 저렴하고, 대상물품 전부가 자동적으로 보험에 가입됨으로써 위험을 최소화할 수 있으며, 매 건마다 개별적으로 보험을 들 필요가 없어서 절차가 간소하다는 등의 장점이 있다.

다만 포괄보험방식을 이용하기 위해서는 보험계약자(수출자)의 신용등급이 일정등급 이상이고, 포괄 적용대상 거래의 수출실적이 일정금액 이상이며, 신용장거래의 비율이나 수입자의 신용상태 등이 보험자가 내세우는 요건을 갖추어야 한다.

② 인수대상거래

수출보험은 국내에서 생산된 물품을 수출하는 일반수출 뿐만 아니라 해외에서 생산되거나 가공한 물품을 수출하는 중계무역이나 위탁가공무역의 경우에도 가입할 수 있다.

③ 보험료

보험료는 결제방식, 결제기간, 국가별신용등급, 보상비율 등을 감안하여 책정하며, 수출경쟁력을 지원하는 차원에서 저렴한 보험료가 적용된다.

④ 보상절차

보험계약자는 최초만기일 또는 사고발생을 안 날로부터 1개월 이내에 사고발생 신고를 하고, 사고발생일로부터 2년 이내에 보험금을 청구해야 하며, 보험금의 지급은 보험금청구일로부터 2개월 이내에 이루어진다.

보상금은 결제기간 2년 이내의 수출거래를 대상으로 하는 단기수출보험의 경우 중소기업은 손실액의 100%, 대기업은 95% 이내에서 지급되고, 결제기간 2년 이상의 수출거래를 대상으로 하는 중장기수출보험의 경우 중소기업은 손실액의 95%, 대기업은 90% 이내에서 지급된다.

보상금을 지급받은 후에 회수한 금액이 있는 경우에는 회수한 날로부터 15영업일 이내에 보험자에게 납부해야 한다.

3) 수출보험의 종류

① 단기성 보험

• 단기수출보험(선적후)

수출자가 결제기간 2년 이하의 수출계약을 체결하고 물품을 수출한

후 수입자(L/C거래의 경우 개설은행)로부터 수출대금을 받을 수 없게 된 때에 입게 되는 손실을 보상

• **단기수출보험(포페이팅)**

은행이 포페이팅 수출금융 취급 후 신용장 개설은행으로부터 만기에 수출대금을 회수하지 못하여 입게 되는 손실을 보상

• **단기수출보험(수출채권유동화)**

은행이 수출채권을 비소구조건으로 매입한 후 매입대금을 회수할 수 없게 된 경우 입게 되는 손실을 보상

• **단기수출보험(농수산물패키지)**

한 건의 보험으로 농수산물 수출시 발생하는 여러 가지 위험(대금미회수 위험, 수입국 검역위험, 클레임비용 위험)을 한 번에 보장하는 농수산물 수출기업용 맞춤 상품

• **중소중견 Plus+보험**

보험계약자인 수출기업은 연간 보상한도에 대한 보험료를 납부하며, 수입자 위험, 신용장 위험, 수입국 위험 등 보험계약자가 선택한 담보위험으로 손실이 발생할 때 한국무역보험공사가 책임금액 범위 내에서 손실을 보상하는 보험. 단기수출보험이 개별 수출거래 건별로 보험계약이 체결되는 데 반해서, 중소중견 Plus+보험은 수출기업의 전체

수출거래를 대상으로 위험별 책임금액을 설정하여 운영함

② 중장기성 보험

• 중장기수출보험(선적전)

수출대금 결제기간이 2년을 초과하는 중장기 수출거래에서 금융기관의 대출원리금 회수불능 위험을 담보

• 중장기수출보험(공급자신용)

수출대금 결제기간이 2년을 초과하는 중장기 수출계약에서 수출 또는 결제자금 인출불능으로 인한 수출기업의 손실을 담보

• 중장기수출보험(구매자신용 · 표준/표준이상형)

수출대금 결제기간이 2년을 초과하는 중장기 수출거래에서 금융기관의 대출원리금 회수불능 위험을 담보

• 중장기수출보험(구매자신용 · 채권)

수출대금 결제기간이 2년을 초과하는 중장기 수출거래에서 수입자가 자금조달을 위해 발행하는 채권(Project Bond)에 대해 공사가 원리금 상환을 보장

• 해외사업금융보험

국내외 금융기관이 외국인에게 수출증진이나 외화획득의 효과가 있

을 것으로 예상되는 해외사업에 필요한 자금을 상환기간 2년 초과 조건으로 공여하는 금융계약을 체결한 후 대출원리금을 상환받을 수 없게 됨으로써 입게 되는 손실을 보상

• 해외공사보험

해외공사계약 상대방의 신용위험 발생, 해외공사 발주국 또는 지급국에서의 비상위험 발생에 따라 입게 되는 손실을 보상

• 서비스종합보험(일시결제방식)

서비스종합보험(일시결제방식)은 국내에 주소를 둔 기업이 외국기업에게 운송, 관광 등의 서비스를 제공하고 서비스제공 상대방으로부터 서비스대금을 지급받지 못하게 됨으로써 발생하는 손실을 보상

• 서비스종합보험(기성고 · 연불방식)

국내 수출업체가 시스템통합(SI), 기술서비스, 콘텐츠, 해외엔지니어링 등의 서비스 거래를 수출하고 이에 따른 지출비용 또는 확인대가를 회수하지 못함으로써 입게 되는 손실을 보상

• 수출보증보험

금융기관이 수출거래와 관련하여 수출보증서를 발행한 후 수입자(발주자)로부터 보증채무 이행청구를 받아 이를 이행함으로써 입게 되는 금융기관의 손실을 보상

• 수출기반보험(선박)

금융기관이 국적외항선사 또는 국적외항선사의 해외현지법인에게 상환기간 2년 초과의 선박 구매자금을 대출하고 대출원리금을 회수할 수 없게 된 경우에 발생하는 손실을 보상

• 수출기반보험(제조설비)

금융기관이 수출중소중견기업에게 시설자금을 대출하고 원리금을 회수하지 못하게 된 경우 이에 대해 보상

③ 환변동보험

수출 또는 수입을 통해 외화를 획득 또는 지급하는 과정에서 발생할 수 있는 환차손익을 제거, 사전에 외화금액을 원화로 확정시킴으로써 환율변동에 따른 위험을 헷지(Hedge)하는 상품. 보험가입시 환율(청약일 시장평균환율)보다 환율 상승시에는 이익금 납부, 환율 하락시에는 보험금을 지급하는 선물환방식과, 보험가입시 환율(청약일 시장평균환율)보다 환율 상승시에는 이익금 납부의무를 면제하되, 환율 하락시에는 하락분의 일정수준(통화당 최대 20~80원)까지 환차손을 보상하는 옵션형이 있음

④ 기타보험
• 탄소종합보험

교토의정서에서 정하고 있는 탄소배출권 획득사업을 위한 투자, 금

융, 보증 과정에서 발생할 수 있는 손실을 종합적으로 담보하는 보험

• 녹색산업종합보험

지원 가능한 특약항목을 녹색산업종합보험 형태로 제정하고, 녹색산업에 해당되는 경우 기존이용 보험약관에 수출기업이 선택한 특약을 추가하여 우대하는 제도

• 부품 · 소재신뢰성보험

부품 · 소재 신뢰성을 획득한 부품 · 소재 또는 부품 · 소재 전문기업이 생산한 부품 · 소재가 타인에게 양도된 후 부품 · 소재의 결함으로 인하여 발생된 사고에 대하여 보험계약자가 부담하는 손해배상책임을 담보하는 손해보험임

⑤ 신용보증

• 수출신용보증(선적전)

수출기업이 수출계약에 따라 수출물품을 제조, 가공하거나 조달할 수 있도록 외국환은행 또는 수출유관기관들(이하 '은행')이 수출신용보증서를 담보로 대출 또는 지급보증(수출용원자재 수입신용장 개설 포함)을 실행함에 따라 기업이 은행에 대하여 부담하게 되는 상환채무를 한국무역보험공사가 연대보증하는 제도

• 수출신용보증(선적후)

　수출기업이 수출계약에 따라 물품을 선적한 후 금융기관이 환어음 등의 선적서류를 근거로 수출채권을 매입(NEGO)하는 경우 한국무역보험공사가 연대보증하는 제도

2. 수입보험

　수입보험은 수입자용과 금융기관용으로 나누어지며 수입자용 수입보험의 주요 내용은 다음과 같다.

1) 개요

　국내 수입기업이 선급금지급조건 수입거래에서 비상위험 또는 신용위험으로 인해 선급금을 회수할 수 없게 된 경우에 발생하는 손실을 보상하는 제도

2) 대상거래

　아래 물품을 선급금지급 후 2년 이내에 선적하여야 하는 수입거래이다.

　① 주요 자원 : 철, 동, 아연, 석탄, 원유 등

　② 시설재 :

　　• 관세법 제95조 제1항 제1호의 오염물질 배출방지 · 처리 물품 및 제2호의 폐기물처리 물품

- 관세법 제95조 제1항 제4호의 공장자동화 물품
- 관세법 제90조 제1항 제5호의 산업기술연구 · 개발용 물품

③ 첨단제품 : 산업발전법 제5조의 "첨단제품"(기술은 제외)

④ 외화획득용 원료 : 대외무역관리규정의 "외화획득용 원료"

3) 운영형태

① 한도책정방식

수입기업이 거래하고자 하는 수입계약상대방별로 보상한도(보험사고 발생시 공사가 지급하는 보험금액의 최대 누적액)가 기재된 보험증권을 발급받는 방식(선급금지급시 지급내역을 공사에 통지함으로써 보험관계 성립)이다.

② Pooling방식

수입기업이 선택하는 책임금액(U$20만부터 U$5만 단위로 U$50만까지 선택시 공사가 지급하는 보험금액) 범위 내에서 수 개의 수입계약 상대방에 대하여 하나의 보험증권을 발급받는 방식(별도의 지급내역 통지 없이 보험관계 성립)이다.

4) 주요 계약사항

① 보험계약자 : 공사신용등급이 F급 이상인 국내기업

② 수입계약상대방 : 공사신용등급이 E급 이상인 외국기업

③ 보험가액 : 선급금지급액

④ 부보율 : 중소기업 100%, 대기업 95%

⑤ 선급금비율 : 수입계약 금액의 30% 이내로 제한

(30%를 초과하는 경우에는 선급금비율 범위내에서 보상)

⑥ 보험금지급액 : (손실액 − 면책대상 손실) × 95 / 100 (다만, 중소기업은 100%) − 다른 보험계약 등에서 지급받았거나 지급받게 될 것이 확실한 금액

⑦ 보험증권 유효기간 : 1년에 1회 이상 이용시 기간 자동 연장

11장

통관

수출입통관절차 | 보세제도 | 관세의 신고와 납부 | 원산지관리제도
검역제도 | 병행수입제도 | 관세환급제도

수출입통관절차

수출입통관을 하기 위해서는 우선 수출입신고를 해야 한다. 세관에서는 화주 또는 관세사가 수출입신고한 내용을 심사해서 수리여부를 결정하고 수출입신고필증을 교부해 준다. 수입인 경우에는 수입신고 수리 후 관세를 납부해야만 수입신고필증을 교부받을 수 있다.

세관심사는 서류심사와 물품검사로 이루어지며, 서류심사는 수출입물품의 HSK번호에 해당하는 품목별 수출입 요령에 의거 수출입규제 여부 및 허가·승인 여부를 확인하는 방식으로 이루어진다.

물품검사는 수출물품에 대해서는 원칙적으로 생략하고, 수입물품에 대해서는 무작위추출방식에 의하여 검사대상을 선별하며, C/S시스템(Cargo Selectivity System; 우범화물 자동선별시스템)에 사전등록된 기준에 의하여 우범성이 있는 화물에 대한 검사여부를 결정한다.

수출의 경우에는 수출신고필증이 있어야만 수출물품을 선적할 수 있으며, 수입의 경우에는 수입신고필증이 있어야만 수입물품을 인수할 수 있다.

한편 우리나라에 도착한 외국물품을 국내로 수입하지 않고 그대로 외국으로 반출하는 것을 반송이라고 하며, 주문이 취소되었거나 잘못 반입된 경우, 계약과 상이한 물품을 되돌려보내는 것은 물론 중계무역이나 위탁가공무역으로 외국에서 생산 또는 가공된 물품을 보세구역에 반입하여 외국으로 반출하는 경우도 반송에 해당된다.

이상 설명한 수출입통관절차를 그림으로 표시하면 다음과 같다.

1) 수출통관절차

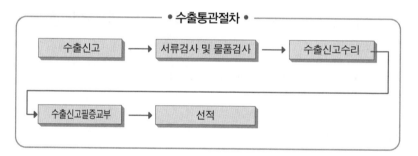

2) 수입통관절차

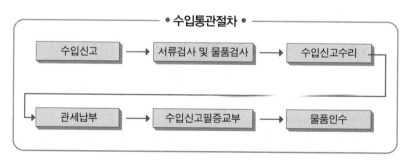

3) 반송절차

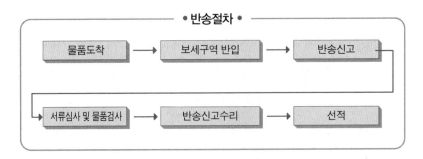

• 반송절차 •

물품도착 → 보세구역 반입 → 반송신고 → 서류심사 및 물품검사 → 반송신고수리 → 선적

　한편 일정금액 이하의 자가사용물품 및 상용견품을 우편물 또는 국제특송을 통해서 들여올 때는 관세 등이 면세되거나 간이통관 방식에 의해서 간편하게 물건을 찾을 수 있다.

　간이통관이란 정식 수입신고절차를 거치지 않고 간이세율에 의한 세금을 납부한 뒤 물건을 찾는 것을 뜻한다. 소액물품에 대한 구체적인 통관절차는 관세청 웹사이트에서 확인할 수 있다.

4) 수출신고서 작성요령

① **신고자** – 신고자 상호와 대표자 성명 및 신고자 부호, 연도, 신고서 작성 일련번호를 기재

② **수출자** – 수출자 상호 또는 성명, 수출자구분, 위탁자 상호(수출대행인 경우), 무역업고유번호, 주소, 대표자, 통관고유부호, 사업자등록번호 기재

③ **제조자** – 수출물품을 제조 가공한 자의 상호, 통관고유부호, 제조장

소, 산업단지부호 기재

④ **구매자** – 상업송품장(invoice)에 명시된 외국의 구매회사 영문이름과 관세청에서 부여하는 해외공급자 부호 기재

⑤ **신고번호** – 통관지 세관부호 및 과부호, 연도를 기재

⑥ **신고일자** – 신고자가 신고서를 접수하고자 하는 날짜를 YYYY/MM/DD(연월일)로 기재

⑦ **신고구분** – P/L, 서류제출, 반송 등 해당 코드를 기재

⑧ **C/S구분** – 세관기재(검사생략 등)란으로 기재 생략

⑨ **거래구분** – 일반형태수출 등 해당 코드를 기재

⑩ **종류** – 일반 · 보세공장수출 등 해당 코드를 기재

⑪ **결제방법** – L/C, 단순송금 등 해당 코드를 기재

⑫ **목적국** – 수출물품의 최종 도착국가에 대한 약어를 기재

⑬ **적재항** – 수출물품이 적재되는 항구 · 공항명을 기재

⑭ **운송형태** – 운송수단 및 운송용기 코드를 기재

⑮ **검사방법선택** – 희망하는 검사방법 및 세관검사 희망일을 YYYYMMDD로 기재

⑯ **물품소재지** – 수출물품이 장치되어 있는 소재지의 우편번호 앞 3자리와 소재지명칭(업체상호) 및 주소를 기재

⑰ **L/C번호** – 신용장거래방식에 의한 수출인 경우에는 L/C번호를 기재하고, 그 외의 경우에는 은행참조번호 또는 계약서번호를 기재

⑱ **불품상태** – 수출물품이 신품인지 중고품인지 기재

⑲ **사전 임시개청통보 여부** – 야간 또는 공휴일에 신고서를 전송하는

경우 사전에 임시개청을 통보한 신고서인지 아닌지 여부를 기재

⑳ **반송사유** - 반송절차에 관한 고시의 규정에 의한 반송물품의 경우에는 반송사유부호를 기재

㉑ **환급신청인** - 수출물품이 환급대상인 경우 환급신청인을 수출자와 제조자 중 해당하는 번호를 기재하고 수출신고에 의한 자동 간이정액환급 신청여부를 기재

㉒ **환급기관** - 수출물품이 환급대상인 경우 환급기관명을 한글로 기재

㉓ **품명** - 당해 물품을 나타내는 관세율표상의 품명을 영문으로 기재

㉔ **거래품명** - 실제 상거래시 상업송품장 등 무역서류에 기재하는 품명을 기재

㉕ **상표명** - 상표가 있는 경우 실제 사용하는 하나의 상표명을 기재

㉖ **모델·규격** - 해당 품목의 세부 모델 및 규격을 기재

㉗ **성분** - 품목분류, 법령에 의한 세관장 확인대상물품, 관세환급 심사에 영향을 미치는 성분 및 함량을 기재

㉘ **수량** - 당해 품목의 모델·규격별 수량을 기재

㉙ **단가** - 당해 품목의 모델·규격별 단가를 기재

㉚ **금액** - 당해 품목의 모델·규격별 금액을 기재

㉛ **세번부호**- 관세율표에 기재된 세번을 10단위까지 기재

㉜ **순중량** - 물품의 포장용기를 제외한 순중량을 기재

㉝ **수량** - HS별 표준수량·중량단위표에 게기된 단위로 환산하여 기재

㉞ **신고가격** - FOB 기준의 원화가격을 원단위까지 기재, 송품장상 결제조건이 FOB가 아닌 경우 FOB가격으로 산정하여 기재(결제조건

이 CIF인 경우 운임, 보험료를 공제한 금액)

㉟ **송품장 부호** – 상업송품장부호를 기재

㊱ **수입신고번호** – 재수출조건부 수입물품의 수출신고시 기재

㊲ **원산지** – 수출물품의 원산지, 원산지 결정방법, 원산지 표시여부를 기재

㊳ **포장개수(종류)** – 해당 물품의 외포장 개수 및 포장종류 코드를 기재

㊴ **총중량** – 수출신고 물품의 총중량(용기 포함)을 기재

㊵ **총포장개수** – 포장명세서상의 총 외포장 개수를 기재

㊶ **총신고가격** – 수출신고가격의 합계를 원단위까지 기재(원단위 이하는 절사)하고 총신고가격을 미화($)로 환산하여 기재($ 이하는 반올림)

㊷ **운임** – 결제금액에 운임이 포함된 경우 운임을 원화로 기재

㊸ **보험료** – 결제금액에 보험료가 포함된 경우 보험료를 원화로 기재

㊹ **결제금액** – 송품장의 내용을 근거로 하여 인도조건, 통화종류, 금액(실제 결제금액) 순으로 기재

㊺ **수입화물 관리번호** – 반송절차에 관한 고시의 규정에 의한 반송물품의 경우에 당해 수입화물관리번호 및 전량, 분할, 여러 건 반송 등의 구분 기재

㊻ **컨테이너번호** – 컨테이너 적입 및 컨테이너번호 확인 여부를 'Y' 또는 'N'으로 기재하고 수출신고시점에서 컨테이너에 적입되어 있고 컨테이너번호가 확인된 경우 해당 컨테이너번호를 기재

㊼ **수출요건확인** – 수출요건확인 일련번호, 구분, 요건승인번호, 발급서류명, 발급일자, 법령부호 기재

㊽ 세관기재란 - 세관에서 사용하는 특기사항(예 선적확인사항 등) 기재란으로 신고시 기재할 필요 없음

㊾ 운송(신고)인 - 보세운송대상물품(보세공장물품, 자유무역지역 등)인 경우 해당 보세운송신고인의 상호와 성명을 한글로 기재하고, 일반 수출물품인 경우 복합운송주선업자 등 당해 수출물품의 운송인의 상호와 성명을 한글로 기재

㊿ 기간 - 보세운송대상물품인 경우 보세운송 신고수리일자 및 종료 일자를 YYYY/MM/DD로 기재하고, 일반 수출물품인 경우 운송 예정기간을 YYYY/MM/DD로 기재

51 신고수리일자 - 세관에서 신고수리한 일자가 기재되므로 신고시 기재할 필요 없음

52 적재의무기한 - 신고수리일로부터 기산된 최초 적재의무기한이 시스템에서 자동으로 기재되므로 신고인이 기재할 필요 없음

수 출 신 고 필 증

(갑지)
※ 처리기간 : 즉시

제출번호		⑤신고번호	⑥신고일자	⑦신고구분	⑧C/S구분
①신　고　자					
②수　출　자 부호 수출자구분		⑨거래구분	⑩종류		⑪결제방법
위　탁　자					
（주소）		⑫목적국		⑬적재항	
（대표자）		⑭운송형태		⑮검사방법선택 검사회망일	
（통관고유부호）					
（사업자등록번호）		⑯물품소재지			
③제　조　자 （통관고유부호）		⑰L/C번호		⑱물품상태	
제조장소　　　　　산업단지부호		⑲사전임시개청통보여부		⑳반송 사유	
④구　매　자 （구매자부호）		㉑환급신청인 （1：수출/위탁자, 2：제조자） 간이환급			
		㉒환급기관			

·품명 ·규격 （란번호/총란수 : ）

㉓품　　명 ㉔거래품명		㉕상표명		
㉖모델·규격	㉗성분	㉘수량	㉙단가(XXX)	㉚금액(XXX)

㉛세번부호		㉜순중량		㉝수량		㉞신고가격(FOB)
㉟송품장부호		㊱수입신고번호			㊲원산지	㊳포장갯수(종류)
㊴총중량		㊵총포장갯수			㊶총신고가격 （FOB）	
㊷운임(₩)			㊸보험료(₩)		㊹결제금액	
㊺수입화물 관리번호					㊻컨테이너번호	
㊼수출요건확인 （발급서류명）						

※신고인기재란	㊽세관기재란
㊾운송(신고)인	㊿신고수리일자	
⒁기간　부터　까지	담당자	⑿적재의무기한

(1) 수출신고수리일로부터 30일내에 적재하지 아니한 때에는 수출신고수리가 취소됨과 아울러 과태료가 부과될 수 있으므로 적재사실을 확인하시기 바랍니다.(관세법 제251조, 제277조) 또한 휴대탁송 반출시에는 반드시 출국심사(부두, 초소, 공항) 세관공무원에게 제시하여 확인을 받으시기 바랍니다.

(2) 수출신고필증의 진위여부는 수출입통관정보시스템에 조회하여 확인하시기 바랍니다.(http://kcis.ktnet.co.kr)

5) 수입신고서 작성요령

① **신고번호** – 신고자부호, 연도, 일련번호, 구분을 기재

② **신고일** – 신고일자를 기재

③ **세관 · 과** – 통관지 세관 및 과부호를 기재

④ **B/L(AWB) 번호** – House단위의 B/L(AWB)번호 및 분할수입신고
여부 기재

⑤ **화물관리번호** – 적하목록상의 화물관리번호 기재

⑥ **입항일** – 입항일자를 기재. 출항전 · 입항전 신고시는 입항예정일을
전송

⑦ **반입일** – 장치장소 반입일자를 기재

⑧ **징수형태** – 통계부호표상의 징수형태부호를 기재

⑨ **신고자** – 신고자 상호와 대표자 성명을 기재

⑩ **수입자** – 수입자 상호 또는 성명, 무역업고유번호, 수입자 구분번호
를 기재

⑪ **납세의무자** – 납세의무자 소재지 부호, 주소, 상호, 성명, 통관고유
부호, 사업자등록번호를 기재

⑫ **무역대리점** – 무역대리점 상호 및 등록번호를 기재

⑬ **공급자** – 공급자상호, 국가부호(ISO코드) 및 관세청장이 지정한 해
외공급자부호를 기재

⑭ **통관계획** – 통관계획부호 및 코드설명(신고서 출력시) 기재

⑮ **신고구분** – 신고구분 부호 및 코드설명(신고서 출력시) 기재

⑯ 거래구분 – 거래구분 부호 및 코드설명(신고서 출력시) 기재

⑰ 수입종류 – 수입종류 부호 및 코드설명(신고서 출력시) 기재

⑱ 원산지증명서 유무 – 원산지증명서 구비여부를 기재

⑲ 가격신고서 유무 – 가격신고서 제출(EDI전송) 여부를 기재

⑳ 총중량 – 신고물품의 총중량(용기포함)을 기재(소수점이하 둘째자리에서 반올림)

㉑ 총포장개수 – 신고물품의 외포장 개수 및 포장종류 부호를 기재

㉒ 국내도착항 – 우리나라의 도착항(공항 및 항구) 부호 및 명칭 기재

㉓ 운송형태 – 운송수단 및 운송용기 부호 기재

㉔ 적출국 – 수입신고물품의 적출국 부호 및 해당 국가명 약어 기재

㉕ 선(기)명 – 수입물품을 적재한 선(기)명 및 국적 및 국가부호 기재

㉖ Master B/L번호 – 선사 또는 항공사가 발행한 Master B/L(AWB) 번호 기재

㉗ 운수기관부호 – 세관에 신고된 운항 선사 또는 항공사 부호를 기재

㉘ 검사(반입)장소 – 검사 또는 반입장소의 보세구역부호와 화물의 장치 위치를 18자리 이내로 기재

㉙ 품명 – 당해 물품을 나타내는 관세율표상의 품명을 영문으로 기재

㉚ 거래품명 – 실제 상거래시 송품장 등 무역서류에 기재되는 품명을 기재. 학명을 병기하여 기재할 수 있음

㉛ 상표 – 상표코드 및 상표명을 기재

㉜ 모델·규격 – 해당 품목의 세부 모델 및 규격을 기재

㉝ 성분 – 세관심사에 필요한 성분 및 함량 기재

㉞ 수량 - 모델·규격별 수량(소수점이하 4자리까지) 및 수량단위를 기재

㉟ 단가 - 해당 품목의 모델·규격별 단가를 결제통화 단위로 기재

㊲ 세번부호 - 관세율표에 기재된 H.S.K. 10단위 품목번호를 기재

㊳ 과세가격 - 해당 품목의 과세가격을 미화(CIF기준 US$) 및 원화로
기재

㊴ 순중량 - 물품의 포장용기를 제외한 순중량 및 단위(KG)를 기재

㊵ 수량 - 관세율표에 게기된 수량단위로 환산 기재

㊶ 환급물량 - 환급에서 사용하는 물량(소수점이하 3자리) 및 단위 기재

㊷ C/S 검사 - C/S결과 검사구분 부호 및 검사구분 부호설명(출력시)
기재

㊸ 검사방법변경 - C/S검사방법. 변경부호 및 검사구분부호 설명(출력
시) 기재

㊹ 사후확인기관 - 수입물품이 사후확인대상인 경우 당해 수입요건확
인기관의 부호를 3개까지 기재

㊺ 원산지표시 - 법령에 의한 원산지 표시대상 물품의 원산국(생산, 제
조국) 국가부호, 원산지표시유무, 원산지표시방법, 원산지표시형태
부호를 기재

㊻ 특수세액 계산근거 - 특수세액 계산근거 기재

㊼ 수입요건확인 - 타법령에 의한 수입요건확인 관련사항을 구분, 요
건승인번호, 발급서류명, 발급일자, 법령부호로 나누어 기재

㊽ 세종 - 관세와 각종 내국세의 종류를 순차적으로 기재

㊾ 세율 - 관세율(단위당 세액), 관세구분, 관세액기준, 내국세율, 내국

세 구분, 세율구분을 기재

(50) **감면율** – 해당 세목의 감면율을 기재

(51) **세액** – 각 품목별 해당 세액을 기재

(52) **감면분납부호** – 감면분납부호, 부가세 감면부호, 특소세 면세부호, 과세보류, 감면액을 기재

(53) **결제금액** – 송품장 등의 내용에 근거하여 인도조건, 통화종류, 결제금액, 결제방법순으로 기재

(54) **총과세가격** – 신고서 총과세금액을 미화 및 원화로 기재

(55) **환율** – 53번 항목의 통화종류에 대한 관세청 고시환율을 기재

(56) **운임** – 운임에 대한 통화종류 및 금액을 기재

(57) **보험료** – 보험료에 대한 통화종류 및 금액을 기재

(58) **가산금액** – 품목 전체에 영향을 미친 가산금액을 원화로 환산하여 기재

(59) **공제금액** – 품목 전체에 영향을 미친 공제금액을 원화로 환산하여 기재

(60) **세종(합계)** – 관세 및 내국세의 종류(출력시)를 기재

(61) **세액(합계)** – 세종별 세액합계를 기재

(62) **총세액합계** – 총세액합계를 기재

(63) **납부(고지)서번호** – 세관에서 접수 통보시 부여한 납부(고지)서 번호를 기재

(64) **총부가세과표** – 총부가세과세 과표 및 총부가세 과세면제과표를 기재

⑥⑤ 세관기재란 – 의무이행요구사항 등 세관에서 필요한 사항 기재

⑥⑥ 담당자 – 세관 심사담당자 성명 및 직원부호를 기재

⑥⑦ 접수일시 – 세관에서 접수 통보한 접수일시를 기재

⑥⑧ 수리일자 – 신고수리일자 기재

UNI-PASS

수 입 신 고 필 증

(갑지)

① 신고번호	② 신고일	③ 세관.과	⑥ 입항일	※ 처리기간 : 3일
④ B/L(AWB)번호	⑤ 화물관리번호		⑦ 반입일	⑧ 징수형태

⑨ 신 고 자 ⑩ 수 입 자 ⑪ 납세의무자 (주소) (상호) (성명) ⑫ 무역대리점 ⑬ 공 급 자	⑭ 통관계획	⑱ 원산지증명서 유무	⑳ 총중량
	⑮ 신고구분	⑲ 가격신고서 유무	㉑ 총포장갯수
	⑯ 거래구분	㉒ 국내도착항	㉓ 운송형태
	⑰ 종류	㉔ 적출국	
		㉕ 선기명	
	㉖ MASTER B/L 번호		㉗ 운수기관부호
㉘ 검사(반입)장소			

● 품명 · 규격 (란번호/총란수 :)

㉙ 품 명 ㉚ 거래품명			㉛ 상 표	
㉜ 모델 · 규격	㉝ 성분	㉞ 수량	㉟ 단가	㊱ 금액

㊲ 세번 부호		㊴ 순중량		㊷ C/S검사			㊹ 사후확인기관
㊳ 과세가격(CIF)		㊵ 수 량		㊸ 검사변경			
		㊶ 환급물량		㊺ 원산지표시		㊻ 특수세액	
㊼ 수입요건확인 (발급서류명)							

㊽ 세종	㊾ 세율(구분)	㊿ 감면율	(51) 세액	(52) 감면분납부호	감면액	* 내국세종부호
XX XX XX XX XX						

(53) 결제금액 (인도조건-통화종류-금액-결제방법)				(55) 환 율	
(54) 총과세가격		(56) 운임	(58) 가산금액	(63) 납부번호	
		(57) 보험료	(59) 공제금액	(64) 부가가치세과표	

(60) 세 종	(61) 세 액	※ 관세사기재란	(65) 세관기재란
관 세			
특 소 세			
교 통 세			
주 세			
교 육 세			
농 특 세			
부 가 세			
신고지연가산세			
(62) 총세액합계		(66) 담당자	(67) 접수일시 / (68) 수리일자

세관 · 과 : 999-99 신고번호 : 99999-99-9999999-9 Page : 999/999

* 수입신고필증의 진위 여부는 수출입통관정보시스템(KCIS)에 조회하여 확인하시기 바랍니다.(http : //kcis.ktnet.co.kr)
* 본 수입신고필증은 세관에서 형식적 요건만을 심사한 것이므로 신고내용이 사실과 다른 때에는 신고인 또는 수입화주가 책임을 져야 합니다.

보세제도

보세제도란 외국물품에 대한 관세의 징수를 일정기간 유보하는 제도로서, 수입신고 미필 상태의 물품을 집중관리함으로써 통관질서를 확보하고, 관세부담 없이 외국물품을 반입한 후 국내외 시장 수요에 따라 적시 반출할 수 있도록 하며, 수출보세공장을 지원해주기 위해서 운영하는 제도이다. 보세제도는 크게 보세구역제도와 보세운송제도로 나누어지며 구체적인 내용은 다음과 같다.

1. 보세구역

보세구역이란 외국물품을 수입신고수리 미필상태로 반입 · 장치 · 가공 · 전시 · 판매하는 구역을 뜻한다. 대표적인 보세구역은 다음과 같다.

1) 보세창고

외국물품 또는 통관을 하고자 하는 물품을 일시적으로 보관하기 위한 장소를 뜻하며 세관장의 특허를 받아 운영된다.

2) 지정장치장

'구내장치장(구내창고)' 또는 '부두장치장'으로 부르며, 세관장의 지정을 받아 통관을 하기 위한 물품을 일시적으로 보관하는 장소를 뜻한다. 보세창고는 영리목적으로 운영되는 특허보세구역에 속하고, 지정장치장은 공익목적으로 운영되는 지정보세구역에 속한다.

3) 보세공장

외국물품 또는 외국물품과 내국물품을 원료 · 재료로 하여 제조 · 가공 기타 이에 유사한 작업을 하는 구역을 뜻한다.

4) 세관검사장

통관을 하고자 하는 물품을 검사하는 장소로서 세관장이 지정하는 장소를 뜻한다.

5) 보세전시장

전시회의 운영을 위하여 외국물품을 장치 · 전시 또는 사용할 수 있는 장소를 뜻한다.

6) 보세건설장

산업시설의 건설을 위하여 수입한 기계류 설비품 또는 공사용 장비를 장치·사용하여 건설공사를 할 수 있는 장소를 뜻한다.

7) 보세판매장

외국으로 반출하거나 관세를 면제받을 수 있는 자가 사용할 것을 조건으로 외국물품을 판매할 수 있는 장소를 뜻한다.

8) 종합보세구역

보세창고·보세공장·보세건설장 또는 보세판매장의 기능 중 둘 이상의 기능을 종합적으로 수행할 수 있는 장소를 뜻한다.

2. 보세운송

보세운송이란 외국물품을 보세상태로 운송하는 것을 뜻한다. 즉 외국에서 수입한 물건을 통관수속을 밟지 않고 보세구역으로 운송하는 것을 보세운송이라고 한다.

관세의 신고와 납부

1. 과세가격의 결정

관세는 수입물품에 부과되는 세금으로서 원칙적으로 유형의 상품에만 부과되며 서비스나 온라인으로 수입되는 디지털상품에는 부과되지 않는다.

관세는 물품의 가격을 기준으로 부과되는 종가세와 물품의 수량을 기준으로 부과되는 종량세로 구분되지만 촬영된 영화의 필름이나 일부 농산물을 제외한 대부분의 품목은 가격을 기준으로 관세가 부과된다.

관세를 부과하기 위한 수입물품의 과세표준이 되는 가격을 과세가격이라고 하며 수입자가 물품을 수입하기 위해서 실제로 지급하였거나 지급해야 할 가격에 법정가산요소를 더하고 조정해서 과세가격을 산출한다.

따라서 실제 거래에 적용하는 거래조건과 상관없이 CIF 조건의 가격에 다음과 같은 법정가산요소를 더해서 과세가격을 산출한다.

- 수입자가 부담하는 수수료 및 중개료
- 수입자가 부담하는 용기비용, 포장노무비
- 생산지원비용
- 권리사용료(로열티)로 수입자가 지급하는 비용
- 수입후 귀속금액
- 수입항까지의 운송관련비용

과세가격을 산출하기 위하여 외국통화로 표시된 가격을 내국통화로 환산할 때는 수입신고일이 속하는 전주의 외국환매도율을 평균하여 관세청장이 고시하는 과세환율을 적용한다.

2. 관세의 종류 및 적용

1) 관세의 종류

관세에는 기본관세, 잠정관세, 탄력관세, 일반특혜관세 등과 같은 국정관세와 국제 간의 조약 또는 협정에 따라 부과되는 협정관세가 있으며 구체적인 내용은 다음과 같다.

① 기본관세

수입물품에 원칙적으로 부과되는 관세로서 기본관세율은 국회에서 제정한다.

② 잠정관세

특정물품에 대하여 기본관세율과는 다른 세율을 잠정적으로 적용하는 관세로서 잠정관세율은 국회의 의결을 거쳐 법률로 정해진다.

③ 탄력관세

급격하게 변하는 국내외의 경제상황에 신속하게 대응하기 위하여 적용하는 관세로서 탄력관세율은 행정부에서 결정한다. 탄력관세의 종류는 다음과 같다.

- 덤핑방지관세 – 덤핑수입이 우려될 때 부과하는 관세
- 상계관세 – 교역상대국에서 보조금을 지급받은 물품이 저가로 수입될 우려가 있을 때 부과하는 관세
- 보복관세 – 교역상대국의 부당한 조치에 대항하기 위하여 부과하는 관세
- 긴급관세 – 특정물품의 수입이 증가하여 국내산업의 피해가 우려될 때 부과하는 관세
- 특정물품긴급관세 – 특정국으로부터 수입이 급증하거나 가격이 급락할 때 부과하는 관세
- 농림축산물에 대한 특별긴급관세 – 농림축산물의 수입이 급증하

거나 가격이 급락할 때 부과하는 관세

• **조정관세** – 수입시장의 급격한 변화로 인한 문제를 시정 또는 방지하기 위하여 부과하는 관세

• **할당관세** – 수입물량을 조절하기 위하여 일정한 쿼터를 정해놓고 해당 쿼터만큼 수입되는 물량에 대해서는 무세 내지 저세율을 적용하고 그 이상 수입되는 물량에 대해서는 고세율을 적용하는 것

• **계절관세** – 계절에 따른 가격변동이 심한 물품의 수입량을 조절하고자 관세율을 인상 또는 인하하는 것

• **편익관세** – 조약 미체결국가로부터 수입되는 물품에 대하여 이미 조약이 체결된 국가에게 적용되는 편익의 한도 내에서 편익을 제공하는 것

④ 협정관세

특정국가 또는 국제기구와의 협상을 통해서 양허한 관세를 협정관세라고 하며, 이 때 적용되는 세율을 협정세율 또는 양허세율이라고 한다.

협정관세에는 세계무역기구협정 일반양허관세(WTO일반협정관세), 세계무역기구협정 개발도상국 간의 양허관세(WTO개도국협정관세), 아시아·태평양 무역협정 양허관세, 유엔개발회의 개발도상국 간 특혜무역제도의 양허관세(UN개도국협정관세) 및 전 세계 각국과의 관세협상에 따른 국제협력관세가 있다.

⑤ 일반특혜관세(최빈개발도상국에 대한 특별관세)

일반특혜관세(GSP: Generalized Systems of Preferences)란 원산지가 특정 개발도상국인 특정물품에 대하여 기본세율보다 낮은 세율을 적용하는 관세이다.

⑥ 자유무역협정관세(FTA협정관세)

FTA가 발효된 국가를 원산지로 하는 물품에 대해서 적용되는 관세이다.

2) 관세의 적용

하나의 물품에 2개 이상의 관세율이 적용될 때는 다음과 같은 순서로 관세율이 우선적용된다.

① 덤핑방지관세, 상계관세, 보복관세, 긴급관세, 특정국물품긴급관세, 농림축산물에 대한 특별긴급관세
② 자유무역협정관세(FTA협정관세)
③ 국제협력관세, 편익관세
④ 조정관세, 할당관세, 계절관세
⑤ 일반특혜관세
⑥ 잠정관세
⑦ 기본관세

3) 납부세액의 계산

수입품에는 관세 외에 품목에 따라 부과되는 개별소비세, 교통·에너지·환경세, 주세, 교육세, 농어촌특별세 및 부가가치세 등의 내국세가 부과되며 부과대상 및 세금산출식은 다음과 같다.

세금명	부과대상	세금산출식
개별소비세	사치성품목, 자동차, 휘발유	(과세가격 + 관세) × 개별소비세율
주세	주정 및 각종 주류	주정 : 주정의 수량 × 주세율 주류 : (과세가격 + 관세) × 주세율
교육세	개별소비세, 주세 납부품목	개별소비세액, 주세액 × 교육세율
농어촌특별세	관세감면물품, 개별소비세 납부물품	(감면세액 또는 개별소비세납부물품) × 농어촌특별세
부가가치세	모든 수입품	(과세가격 + 관세 + 기타세금) × 10%

한편 수입통관시 부과되는 모든 종류의 세금을 통합해서 하나의 세율을 적용하는 것을 간이세율이라고 하며 다음과 같은 물품을 일정금액 이하로 수입할 때 신속한 통관을 위하여 간이세율을 적용한다.

① 여행자휴대품 또는 별송품

- 여행자가 개인용품이나 선물을 휴대하여 반입하는 경우
- 여행자 개인용품을 화물로 탁송하여 반입하는 경우

② 우편물

- 외국의 친지나 친구로부터 우편을 통해 송부된 선물
- 국내거주자가 대금을 송부하고 자가사용으로 구입하여 반입한 우

편물(이 경우 일반수입에 제한사항이 있거나 600달러를 초과하는 경우 정식 수입신고절차에 따라야 함)

③ 탁송품 또는 특급탁송품

- 외국의 친지, 친구 및 관계회사에서 기증된 선물 또는 샘플이나 하자보수용 물품 등
- 국내거주자가 개인용으로 사용하기 위하여 인터넷 등 통신을 통하여 대금을 지불하고 구입하여 반입한 화물

원산지관리제도

    원산지란 물품이 성장, 생산, 제조 또는 가공된 국가를 의미하며 원산 지별로 각기 다른 통관규정이나 관세율이 적용될 수 있다. 원산지를 판정 하는 기준은 국가나 품목에 따라 달라지므로 별도로 확인해야 한다. 우리 나라의 원산지관리는 원산지 판정제도, 원산지 표시제도, 원산지 확인제 도로 나누어지며 구체적인 내용은 다음과 같다.

1. 원산지 판정제도

    원산지 판정기준에 따라 물품의 원산지가 어디인지를 판정하는 것으로 써, 원산지 판정기준은 물품의 전부를 생산, 가공, 제조한 나라를 원산지 로 하는 완전생산기준을 원칙으로 하나, 2개국 이상에 걸쳐 물품이 생산,

가공, 제조된 경우에는 물품의 본질적 특성을 부여하기에 충분한 정도의 실질적인 생산, 가공, 제조 과정이 최종적으로 수행된 나라를 원산지로 한다.

또한 원산지가 아닌 국가를 경유하지 않고 직접 우리나라에 운송, 반입된 물품에 한하여 원산지를 인정하되 지리적, 운송상의 이유로 원산지가 아닌 국가를 단순 경유하는 경우로서 원산지가 아닌 국가에서 환적되는 경우에는 우리나라로 직접 반입한 것으로 본다.

2. 원산지 표시제도

최종소비자를 보호하기 위하여 개별물품에 원산지를 표시토록 하는 것으로써, 모든 수입물품은 물품자체에 원산지를 표시하는 것이 원칙이나 해당 물품에 원산지를 표시하는 것이 불가능한 경우에는 해당 물품의 포장이나 용기 등에 원산지를 표시할 수 있다. 또한 수입 후 실질적 변형을 일으키는 제조공정에 투입되는 부품 및 원재료로서 실수요자가 직접 수입하는 경우 등과 같이 특별한 경우에는 원산지 표시의무를 면제받을 수 있다.

원산지표시는 한글, 한자 또는 영문으로 하여야 하며, '원산지 : 중국, 中國産, MADE IN CHINA, PRODUCT OF CHINA' 등과 같이 표시한다.

수입세트물품의 경우 당해 세트물품을 구성하는 개별 물품들의 원산지가 2개국 이상인 경우에는 개별 물품에 각각의 원산지를 표시하고, 세트

물품의 포장이나 용기에는 Made in China, India와 같이 개별물품의 원산지를 모두 나열해서 표시하여야 한다.

3. 원산지 확인제도

관세법, 조약, 협정 등에 의하여 원산지에 따라 특혜관세율이 적용되거나 관세가 면제되는 경우 또는 별도의 통관규정이 적용되는 경우에 해당 물품의 원사지를 확인하는 제도로서, 원산지확인 대상품목을 수입할 때는 해당 물품의 원산지를 증명할 수 있는 원산지증명서(Certificate of Origin)를 제출하여야 한다.

원산지증명서는 수입신고일로부터 1년 이내에 발행된 것이라야 하며, 원산지국가의 세관이나 상공회의소 기타 발급권한이 있는 기관에서 발행한 것이라야 한다.

특혜관세를 적용받거나 면세 받고자 하는 경우에는 해당 특혜적용 내역에 따라 각각 GSP원산지증명서, GSTP원산지증명서, APTA원산지증명서, FTA원산지증명서 등 해당 특혜 내역에 적합한 원산지증명서를 제출해야 한다.

원산지국가에서 바로 수입되지 아니하고 제3국을 경유하여 수입된 물품에 대하여 경유국에서 원산지증명서가 발급된 경우에는 원산지국가에서 발행된 원산지증명서를 기초로 발급된 것이라야 한다.

1. Exporter(Name, address, country) SMILE CORPORATION 123, SAMSUNG-DONG, KANGNAM-KU SEOUL, KOREA	**ORIGINAL**
	CERTIFICATE OF ORIGIN issued by THE KOREA CHAMBER OF COMMERCE & INDUSTRY Seoul, Republic of Korea
2. Consignee(Name, address, country) TO THE ORDER OF NEW YORK BANK	3. Country of Origin REPUBLIC OF KOREA
4. Transport details FROM : BUSAN, KOREA TO : NEW YORK, USA BY SAILING ON OR ABOUT June 10, 2020	5. Remarks SCI-0609 JUNE 9, 2020

6. Marks & numbers ; number and kind of packages ; description of goods	7. Quantity
HAPPY CORP SPORTS ACCESSORIES NEW YORK K-001 C/NO. 1-34 K-002 ITEM NO : K-003	1,700 PCS

8. Declaration by the Exporter (Signature) (Name)	9. Certification .... Authorized Signatory
	Certificate No.

THE KOREA CHAMBER OF COMMERCE & INDUSTRY

검역제도

검역제도란 수출입화물의 이동에 따른 전염병의 확산을 방지하기 위한 제도로서 동물검역, 식물검역, 목재포장재에 대한 검역 등이 있으며 주요 내용은 다음과 같다.

1. 동물검역제도

동물 및 축산물의 수출입시 가축전염병이 유입되거나 유출되는 것을 방지하기 위하여 시행하는 제도로서, 우리나라에서는 가축전염병예방법에 따라 검역이 이루어진다.

검역대상물로 지정된 동물이나 축산물을 수입하기 위해서는 수출국 정부기관에서 발행한 검역증명서를 제출하여야 하며, 지정된 장소에서 검역을 받아야 한다.

2. 식물검역제도

식물의 수출입거래시 병균과 해충이 외국으로 나가거나 외국에서 들어오는 것을 방지하기 위해서 시행하는 제도로서, 우리나라에서는 식물방역법에 따라 검역이 이루어진다.

병해충을 확산시킬 우려가 있는 식물에 대한 검사, 이동 금지나 제한, 소독 등의 조치가 이루어지며, 흙과 흙이 부착된 식물은 수입을 금지한다.

3. 목재포장재 검역제도

수출입화물을 통한 병해충의 유입 및 확산을 막기 위해서 2002년에 목재포장재의 검역에 관한 국제기준이 마련되었으며, 우리나라에서는 수입화물의 포장재가 활엽수나 침엽수일 경우 소독 처리해야만 수입할 수 있다. 단 합판, 베니어패널, 파티클보드, 배향성 스트랜드 보드, 웨이퍼보드, 섬유판, 고밀도화 목재, 집성재, 응집코르크, 목분, 코르크분, 펄프 등은 제외된다.

소독처리방법은 HT(Heat Treatment; 열처리) 또는 MB(Methyl Bromide; 훈증)방법을 사용하며, 소독처리에 대한 증명으로 소독처리마

크를 부착해야 한다.

수출화물에 목재포장재를 사용하는 경우에는 수입국의 목재포장재 수입검역요건에 따라 소독을 하고, 소독작업결과서를 발급받아야 한다. 수입국에서 위생증명서를 요구하지 않는 경우에는 소독처리마크를 표시하여 수출하면 되고, 위생증명서를 요구하는 경우에는 소독작업결과서를 첨부하여 식물검역소에 수출식품검사를 신청하여 소독처리 내용이 부기된 위생증명서를 발급받아야 한다.

병행수입제도

병행수입(parallel import)이란 국내독점판매권을 갖고 있지 않은 일반 수입업체가 외국에서 적법하게 유통되는 상품을 국내로 들여오는 것을 뜻하며, 우리나라에서는 수입 공산품의 가격 인하를 유도하기 위해 1995년 11월부터 일부 예외규정을 두고 병행수입을 허용하고 있다.

이 때 해당 물품의 상표가 상표권자 또는 사용권자에 의해 적법하게 부착된 진정상품이어야 하고, 해당 물품에 부착된 상표의 국내외 상표권자가 동일인 관계에 있거나, 외국의 상표권자가 동일인 관계에 있는 국내상표권자로부터 전용사용권을 설정 받고 있어야 한다.

상표권의 국내전용사용권을 가지고 있는 자가 수입은 하지 않고 제조·판매만 하는 경우에는 병용수입이 허용되지 않는다.

관세환급제도

관세환급제도란 수입할 때 납부한 관세 등을 돌려주는 제도를 뜻한다. 여기서 관세 등이라 함은 관세뿐만 아니라 개별소비세, 주세, 교통세 등 수입할 때 납부하는 모든 세금을 뜻한다. 수입할 때는 이들 세금 외에도 부가가치세를 납부하지만 부가가치세는 부가가치세법에 따라 별도로 환급이 되므로 관세환급에는 포함되지 않는다.

관세환급의 종류에는 착오로 더 많이 징수한 관세를 돌려주는 과오납 환급, 계약내용과 상이한 물품 등에 대한 관세환급 및 환급특례법에 의한 수출용원재료에 대한 환급 등이 있다. 일반적으로 관세환급이라고 하면 수출용원재료에 대한 환급을 뜻하며 그 주된 내용은 다음과 같다.

1. 환급조건

관세환급을 받기 위해서는 원재료의 수입신고일로부터 2년 이내에 제조·가공하여 수출한 후 수출한 날로부터 2년 이내에 환급을 신청해야 한다. 단 생산기간이 장기간 소요되는 물품의 경우에는 4년의 범위(연장기간 2년) 내에서 수출이행기간을 연장할 수 있다.

관세환급을 받을 수 있는 수출용원재료라 함은 당해 수출품을 형성하거나 수출품을 형성하는 데 소비되는 것으로서 그 소요량을 객관적으로 산출할 수 있는 원재료를 뜻한다. 따라서 수출품의 생산에 사용되는 기계 및 설비, 공구, 금형, 연료 등은 수출용원재료에 해당되지 않는다.

수출용원재료는 수입할 때 관세를 납부한 물품이라면, 물품대금을 지급하는 유환수입물품은 물론 물품대금을 지급하지 않고 수입되는 무환수입물품도 환급대상이 될 수 있다. 또 국내에서 제조·가공하지 않고 수입된 상태 그대로 수출한 경우도 수입할 때 납부한 관세를 환급받을 수 있다.

2. 환급방법

관세환급금의 산출방법은 개별환급과 정액환급으로 나누어진다.

1) 개별환급

개별환급이란 수출품을 제조·가공할 때 사용한 원재료를 수입할 때 납부한 관세 등의 세액을 사용한 원재료별로 확인·계산하여 환급금을 산출하는 방식을 뜻한다.

개별환급방식은 수출품을 생산하는 데 어떤 원재료가 얼마만큼 사용되었으며 해당 원료를 수입할 때 납부한 관세가 얼마인지를 일일이 확인해서 환급금을 계산하므로 환급금액을 정확하게 산출할 수 있다는 장점이 있으나, 구비서류가 복잡하고 환급금 산출에 많은 시간이 소용된다는 문제점이 있다. 대부분의 관세환급은 개별환급방식으로 이루어진다.

2) 간이정액환급

간이정액환급이란 수출품목별로 환급해줄 금액을 미리 정하여 간이정액환급률표를 작성해 놓고 해당 물품을 수출하고 수출신고필증만 제시하면 소요원재료별 납부세액을 일일이 계산하지 않고 간이정액환급률표에 기재된 환급금액을 그대로 환급해주는 방식이다.

간이정액환급제도는 중소기업체가 간편하게 관세환급을 받을 수 있도록 운영하는 제도로서 환급금 계산이나 관세납부와 관련한 복잡한 절차나 서류의 구비 없이 간편하게 관세환급을 받을 수 있다는 장점이 있으나, 개별환급방식에 비해 환급금이 작을 수 있고 간이정액환급률표에 기재된 품목이 많지 않다는 문제점이 있다.

수출업체의 입장에서 간이정액환급방식에 의한 환급금액이 개별환급방식에 의한 환급액보다 적은 경우에는 정액환급 비적용신청을 할 수 있다. 비적용승인을 받은 수출업체는 간이정액환급률표에 기재된 모든 품목에 대하여 적용이 배제되고 품목별 선별 비적용은 인정되지 않는다.

3. 환급신청절차

관세환급을 받기 위해서는 우선 환급을 신청해야 한다. 관세법에 의거 수출신고가 수리된 일반 유상수출의 경우 수출자(수출대행시는 수출위탁자 포함) 또는 수출물품의 제조자 중에서 수출신고필증에 환급신청인으로 기재된 자가 환급신청을 할 수 있다.

구체적인 환급신청절차는 다음과 같다.

1) 간이정액환급

간이정액환급제도는 수출용 원재료를 수입할 때 실제로 납부한 관세 등의 세액과 상관없이 수출품의 HSK 10단위별로 미리 정해놓은 간이정액환급률표에 따라 관세환급이 이루어지는 방식으로서 환급신청자는 수출품의 HSK 10단위가 표시된 수출신고필증과 환급신청서를 제출하고 관세를 환급받는다.

2) 개별환급

개별환급은 수출품 생산에 소요된 수입원재료의 품명, 규격, 수량을 확인해주는 소요량계산서에 의거 해당 원료를 수입할 때 납부한 관세 등의 세액을 환급해주는 방식이다.

개별환급을 받기 위해서는 소요량계산서 외에도 원재료를 수입할 때 납부한 관세 등의 세액과 해당 수출품이 수출되었다는 것을 증명할 수 있는 서류를 제출해야 한다. 수출용 원재료를 수입할 때 납부한 관세 등의 세액을 증명하기 위해서는 수입신고필증, 분할증명서, 기초원재료납세증명서, 평균세액증명서 등을 제출해야 하고, 수출여부를 증명하기 위해서는 수출신고필증을 제출해야 한다.

4. 환급관련 서식

개별환급을 받기 위해 제출해야 하는 서류의 종류 및 내역은 다음과 같다.

1) 소요량계산서

소요량이란 수출품을 생산하는 데 소요되는 원재료의 양을 뜻하며, 생산과정에서 정상적으로 발생하는 손모량을 포함한다. 소요량제도는 대외무역법상의 소요량제도와 관세 등 환급특례법상의 소요량제도로 나누어진다.

대외무역법상의 소요량제도는 수입제한품목을 외화획득용원료 등으로 수입한 경우 대응수출이행 여부를 확인하기 위한 목적으로 사용되며, 관세 등 환급특례법상의 소요량제도는 수출품 생산에 소요된 원재료의 양을 확인함으로써 신속하고 적정한 환급이 이루어지도록 하는 데 목적이 있다.

관세환급을 위한 소요량 확인을 위해서는 환급신청자(수출자 또는 제조자)가 관세청장이 정한 기준과 절차에 따라 수출품에 소요된 원재료의 소요량을 자율적으로 산정하는 기업자율 소요량제도를 운영하고 있으며, 이를 위해 환급신청자가 발행하는 서식을 소요량계산서라고 한다.

2) 분할증명서(분증)

분할증명서란 외국에서 수입한 원료를 제조·가공하지 않고 수입한 그대로 수출용원재료로 국내에서 공급하는 경우 해당 원료를 수입할 때 납부한 관세 등의 세액을 증명하는 서류다.

분할증명서는 하나의 수입신고필증 또는 기초원재료 납세증명서로 둘 이상의 환급기관에서 동시에 환급을 받을 경우, 기초원재료 납세증명서를 발급받기 위한 경우, 수입 또는 국내거래로 공급받은 원재료의 전부 또는 일부를 추가적으로 가공하지 않고 원상태 그대로 수출용원재료로 공급하는 경우에 발급한다.

분할증명서에는 수입신고필증을 분할하였음을 증명하는 수입신고필증 분할증명서(수입분증), 기초원재료 납세증명서를 분할하였음을 증명하는 기초원재료 납세증명분할증명서(기납분증), 평균세액증명분할증명서(평세분증) 등이 있다.

3) 기초원재료 납세증명서(기납증)

기초원재료 납세증명서란 외국에서 수입한 원재료를 가공한 중간원재료를 국내에서 공급받아 수출품을 제조·가공하는 경우 수입신고필증 대신에 제출할 수 있도록 중간원재료의 국내공급업자가 원재료를 수입할 때 납부한 관세 및 내국세의 세액을 증명해주는 서류다.

중간원재료의 제조과정이 여러 단계일 때는 다음 단계의 중간원재료 생산업체에게도 기초원재료 납부증명서를 발급해줄 수 있다.

4) 평균세액증명서

개별환급방식에 의해서 관세환급을 받기 위해서는 원칙적으로 수출품을 제조·가공하기 위해서 사용한 원재료와 관세 등을 납부한 수입원재료의 규격이 일치해야 한다. 하지만 품명이나 규격이 다양하게 표기되는 경우 앞서 언급한 원칙에 따라 서류를 준비하는 것이 쉽지 않다.

이와 같은 문제를 해결하기 위해서 수출용원재료를 HSK 10단위 별로 통합함으로써 규격확인을 생략하고 전체 물량의 단위당 평균세액을 산출하여 증명하는 서식이 평균세액증명서이며 개별환급 절차를 간소하게 하기 위해서 고안된 제도이다.

평균세액증명서 발급대상은 해당 월에 수출용으로 수입하거나 내국신용장이나 구매확인서에 의하여 매입한 전량이 되며 HSK 10단위별로 발급한다.

관세환급업무는 환급액산정 및 관련서류를 준비하는 과정이 복잡하므로 관세사나 관세환급 대행업체에 위임하는 것이 편리하다. 인터넷 검색창에 '관세환급'을 입력하면 관세사나 관세환급 대행업체에 관한 정보를 얻을 수 있다.

12장

원가계산과 무역금융

수출입원가 계산 | 무역금융

수출입원가 계산

1. 수출입원가 계산 요령

수출원가는 수출물품의 제조원가에다 해당 물품을 수출하기 위해서 수출자가 부담해야 하는 비용을 더해서 산출한다. 이 중 물류비용은 거래조건에 따라 어디까지 수출원가에 포함시킬지를 결정해야 한다.

수입원가는 수입자가 수출자에게 지급하는 물품대금(수출자의 수출원가에 수출자의 마진을 더한 금액)에다 해당 물품을 수입할 때 수입자가 별도로 부담해야 하는 총비용을 더해서 산출한다. 이 중 물류비용은 거래조건에 따라 수출자가 부담하는 비용을 뺀 나머지 비용을 더하면 된다.

수출입원가를 계산할 때 물류비용은 포워더, 보험회사, 관세사 등으로부터 견적을 입수해서 산출한다. 이들 업체들은 서로 제휴하여 일괄적으로 서비스를 제공하기도 한다. 물류비용 중 가장 큰 비중을 차지하는 운송비에 대해서는 복수의 포워더로부터 견적을 입수해서 서비스와 가격 면에서 경쟁력이 있는 포워더를 선택하는 것이 바람직하다.

수출입원가를 구성하는 주요 항목은 다음과 같다.

1) 제조원가

① 원부자재 구입비

② 임가공비

③ 포장비

④ 기타

2) 물류비용

① 수출자의 공장 또는 창고로부터 항구 또는 공항까지의 내륙운송비

② 선적 전까지 발생하는 창고료

③ 수출통관비

④ 적하보험료

⑤ 해상운임 또는 항공운임

⑥ 수입통관비

⑦ 하역 후 발생하는 창고료

⑧ 수입국 항구 또는 공항으로부터 최종목적지까지의 내륙운송비

3) 기타비용

① 수출보험료

② 은행수수료

③ 서류발급 비용 등 행정수속비

④ 에이전트 수수료

실무적으로 수출입원가를 사전에 100% 정확하게 산출하는 것은 불가능하다. 원가를 계산할 때와 비용을 정산할 때 적용되는 물류비용 및 각종 수수료가 달라질 수 있고, 물품대금수령 시점의 정확한 환율을 예측하기가 힘들기 때문이다. 따라서 원가를 계산할 때는 가격경쟁력을 훼손하지 않는 범위 내에서 약간의 여유를 두는 것이 바람직하다.

2. 수출입원가 계산 실습

수출입원가를 계산하기 위해서는 이제까지 배운 무역실무지식을 총동원해야 한다. 이제까지의 학습내용을 총정리 한다는 생각으로 다음 문제를 풀어보기로 하자.

1) 문제

다음과 같은 조건에서의 수출입원가를 계산하시오(은행수수료 및 기타 비용은 무시).

- 거래조건 : CIF

- 운송방식 : 해상운송

- 수출품의 수량 : 50 박스

- 박스 규격 : 가로 60cm, 세로 80cm, 높이 50cm

- CBM당 운임 : US$50

- 수입관세율 10%

- 공장도가격 : US$8,500

- 수출국내륙운송비 : US$200

- 수출통관비용 : US$100

- 적하보험료 : US$100

- 수출보험료 : US$100

- 수입통관비용(관세 제외) : US$100

- 수입국내륙운송비 : US$200

- 관세환급액 : US$100

- 수출자의 마진 : US$500

- 관세는 수출국에서만 환급되는 것으로 가정
- 수출입통관비용에는 통관수수료, 창고료, 검사료 등 통관에 따른 제
  비용이 포함된 것으로 간주
- 수입국 통관규정상 관세 외에 부과되는 세금이 없는 것으로 가정

2) 해설

① 수출원가 계산

- 위에 제시한 조건에서 해상운임을 구하려면 우선 수출품의 총 CBM을 구해야 한다. 수출품 1개 박스의 CBM은 박스의 가로, 세로, 높이를 각각 미터로 환산해서 곱하면 된다. 즉 1개 박스의 CBM은 $0.6 \times 0.8 \times 0.5 = 0.24$ CBM이다. 수출품의 수량이 50박스이므로 수출품의 총 CBM은 $0.24 \times 50 = 12$ CBM이 된다.

- 통상 20피트 컨테이너 한 대에 25 CBM 정도를 실을 수 있으므로 상기한 수출품은 LCL 화물로 처리해야 한다. LCL 화물의 운임은 총 CBM에 CBM당 운임을 곱하면 되므로 12 CBM $\times$ US$50 = US$600이 된다.

- CIF 조건의 가격에는 수출국에서 물품을 선적할 때까지의 비용과 목적항까지의 운임과 보험료가 포함되므로 공장도가격(US$8,500) + 수출국내륙운송비(US$200) + 수출통관비용(US$100) + 해상운임(US$600) + 적하보험료(US$100) = US$9,500이다.

- 여기에 수출보험료(US$100)를 더하면 US$9,600이 된다.

- 관세환급액(US$100)은 수출 후에 돌려받게 되므로 원가에서 빼야 한다. 따라서 수출자의 마진을 제외한 수출원가는 US$9,600 − US$100(관세환급액) = US$9,500이 된다.

② **수입원가 계산**

- CIF 조건에서의 수입원가를 구하기 위해서는 수출자에게 지급하는 가격에다 물품이 목적항에 도착한 이후에 발생하는 비용을 더해야 한다.

- 우선 수출자에게 지급하는 가격은 수출원가(US$9,500)에 수출자의 마진(US$500)을 더해서 US$10,000이 된다.

- 물품이 목적항에 도착한 이후에 발생하는 비용으로는 관세를 포함한 수입통관비용과 수입국내륙운송비가 있다.

- 위에 제시된 조건에서 관세는 CIF가격(US$10,000)에 관세율(10%)을 곱하면 되므로 US$10,000 × 10% = US$1,000이 된다.

- 따라서 수입원가는 수출자에게 지급하는 가격(US$10,000) + 관세 (US$1,000) + 수입통관비용(US$100) + 수입국내륙운송비(US$200) = US$11,300이 된다.

무역금융

무역금융이란 무역거래에 필요한 각종 자금을 융자해주는 것을 뜻하며, 주요 무역금융의 내용은 다음과 같다.

1) 신용장기준금융

수출신용장, 수출계약서 및 내국신용장 등을 기준으로 생산자금, 원자재구입자금, 완제품구매자금 등을 융자해 준다.

2) 실적기준금융

과거 1년간 수출실적을 기준으로 생산자금, 원자재구입자금, 완제품구매자금 등을 융자해 준다.

3) 포괄금융

자금용도 구분 없이 업체별로 한도를 산정하여 융자하며, 수출신용장 기준 포괄금융과 실적기준 포괄금융으로 나누어진다.

4) 무역어음

수출신용장, 수출계약서, 외화표시 물품공급계약서 및 내국신용장 결제조건부 수출계약서 또는 과거 수출실적을 근거로 발행된 어음으로서 은행, 종합금융회사 등 금융기관이 동 어음을 인수, 할인 및 매출함으로써 수출업체가 수출품 생산에 소요되는 자금을 조달할 수 있도록 한다.

13장

무역클레임과 무역사기

무역클레임의 정의와 해결방안 | 상사중재 | 무역사기

무역클레임의 정의와 해결방안

1. 무역클레임의 정의

무역클레임이란 무역계약의 당사자 중 한 쪽에서 계약을 이행하지 않음으로 해서 발생하는 손해를 보상받기 위해서 피해자가 손해배상을 청구하는 권리 또는 그와 같은 권리를 행사하는 것을 뜻한다.

무역클레임은 다양한 계약조건을 대상으로 제기되지만 가장 대표적인 것이 수출자가 선적한 물품의 품질이나 수량에 이상이 있는 경우다. 수입자의 입장에서 물품이 도착하면 가급적 빨리 물품을 검사해서 이상이 있으면 즉시 수출자에게 통지하고 손해배상을 청구해야 한다.

무역클레임의 제기 기간은 나라마다 다르고 애매하게 규정되어 있는 경우가 많으므로 중요한 무역거래에 대한 계약을 체결할 때는 별도로 명시해두는 것이 좋다.

2. 무역클레임의 해결방안

일단 무역클레임이 발생하면 당사자 간에 우호적으로 해결하는 것이 바람직하다. 클레임을 우호적으로 해결함으로써 향후 지속적인 거래관계 유지가 가능하기 때문이다. 그러기 위해서는 피해자가 손해배상 청구권을 포기하거나 당사자 간의 협의를 통해서 화해를 해야 한다.

당사자 간의 원만한 해결이 이루어지지 않으면 제3자의 개입에 의해서 클레임을 해결할 수밖에 없다. 제3자의 개입에 의한 해결방법으로는 알선, 조정, 중재, 소송 등이 있으며, 주요 내용은 다음과 같다.

1) 알선(Intermediation)

알선이란 당사자의 일방 또는 쌍방의 의뢰에 따라 상공회의소, 상사중재원 등과 같은 기관에서 타협안을 제시함으로써 클레임을 해결하는 방법이다. 알선에 의해서 클레임을 해결하면 당사자 간의 비밀이 보장되고 거래관계를 지속시킬 수 있다는 장점이 있으나, 당사자 쌍방이 알선자가 제시한 타협안을 받아들이지 않으면 클레임을 해결할 수 없다는 문제가 있다.

2) 조정(Conciliation)

조정이란 당사자 쌍방의 조정합의에 따라 공정한 제3자를 조정인으로 선임하여 분쟁해결방안을 제시해줄 것을 요청하고, 조정인이 제시하는 조정안에 쌍방이 동의함으로써 클레임을 해결하는 방법이다. 당사자 쌍

방이 조정안에 동의함으로써 조정이 성립되면 중재판정과 동일한 효력이
발생하여 강제력이 있으나, 당사자 중 일방이라도 조정안에 동의하지 않
으면 조정이 성립되지 않는다는 문제가 있다.

3) 중재(Arbitration)

중재란 당사자 쌍방의 중재합의에 의하여 공정한 제3자를 중재인으로
선정하고, 중재인이 내린 중재판정에 무조건 복종함으로써 분쟁을 해결
하는 방법이다. 중재판정의 효력은 법원의 확정판결과 동일하며, 외국에
서도 강제집행이 보장되어 자국에서만 효력이 보장되는 소송보다 효력의
범위가 더 넓다.

4) 소송(Litigation)

사법기관의 판결에 의하여 무역클레임을 강제적으로 해결하는 방법
이다.

상사중재

1. 상사중재의 의의

무역분쟁이 발생했을 때 당사자 간의 원만한 해결이나 알선, 조정과 같은 제3자 개입에 의한 해결에도 실패하면 최종적으로 소송 또는 중재를 통해서 강제적으로 문제를 해결할 수밖에 없다.

소송은 사법기관의 판결에 따르는 것이고 중재는 민간인인 중재인의 판정에 따르는 것으로서 피해자의 입장에서 보았을 때 소송보다는 중재를 통해서 문제를 해결하는 것이 훨씬 유리하다. 소송과 비교했을 때 중재의 장점은 다음과 같다.

1) 신속한 해결

대부분의 나라에서 삼심제가 적용되는 소송보다 단심제로 운영되는 중재를 통해서 보다 신속한 해결이 가능하다.

2) 적은 비용

중재는 절차가 간단하고 변호사를 고용할 필요가 없기 때문에 소송을 통해서 문제를 해결하는 것보다 적은 비용으로 문제를 해결할 수 있다.

3) 외국에서의 강제집행

소송은 당사국에서만 강제집행이 가능하지만 중재는 뉴욕협약에 의거 상대국(뉴욕협약에 가입한 경우)에서도 강제집행이 보장된다.

이밖에도 국제무역법, 무역관습 및 무역실무에 정통한 무역전문가가 중재에 참여함으로써 공정한 해결을 도모할 수 있고, 중재절차가 비공개로 이루어짐에 따라 당사자의 영업상 비밀을 유지할 수 있다는 등의 장점이 있다.

2. 중재합의

무역클레임을 중재로 해결하기 위해서는 당사자 쌍방이 분쟁발생시 소송에 의하지 않고 중재인에 판정에 따른다는 내용의 중재합의를 해야 한다. 중재합의는 분쟁이 발생한 후에 할 수도 있으나 일단 분쟁이 발생하면 문제를 일으킨 측에서 중재합의에 동의하지 않을 가능성이 높으므로 사전에 다음과 같은 내용으로 중재합의를 해두는 것이 좋다.

All disputes, controversies or differences which may arise between the parties, out of or in relation to or in connection with this contract, or for the breach thereof, shall be finally settled by arbitration in Seoul, Korea in accordance with The Arbitration Rules of The Korean Commercial Arbitration Board and under the Laws of Korea.
The award rendered by the arbitrator(s) shall be final and binding upon both parties concerned.

중재합의는 서면으로 이루어져야 하며, 중재지, 중재기관, 준거법 등의 3요소를 포함해야 한다.

우리나라의 중재기관으로는 대한상사중재원이 있으며 중재와 관련한 보다 자세한 내용은 대한상사중재원 웹사이트(www.kcab.or.kr)에서 확인할 수 있다.

3. 중재절차

1) 중재신청

중재신청인이 중재신청서와 중재합의서를 중재원에 제출하고, 중재원에서는 신청서류에 이상이 없을 경우 중재신청을 접수하고 쌍방당사자에게 중재신청을 접수했다는 뜻을 통지한다.

2) 답변 또는 반대신청

중재신청인의 신청내용에 대하여 피신청인이 입장을 밝히는 것을 답변 (answer)이라고 하고, 피신청인이 중재신청의 내용을 부인하고 오히려 신청인에게 손해를 보상하라고 청구하는 것을 반대신청(counter-claim)이라고 한다.

3) 중재판정부의 구성

분쟁사건의 중요도나 신청금액의 규모에 따라 단독중재인 또는 다수의 중재인으로 구성되는 중재인단 등 두 가지 형태로 중재판정부가 구성된다.

4) 심리

구술심리와 서면심리로 이루어지며 중재절차의 신속성과 정확성을 위하여 당사자에게 사전에 답변서를 제출토록 할 수도 있다.

중재판정부는 당사자의 일방 또는 쌍방이 주장 및 입증을 태만히 할 경우 심리절차를 종결할 수 있다. 또한 당사자가 주장 및 입증을 다하였다고 인정할 때에는 정상적으로 심리의 종결을 선언한다.

5) 중재판정

원칙적으로 심리종결후 30일 이내에 판정을 내리기로 되어 있으나 중재판정부의 결정에 따라 연장될 수 있다. 신속절차에 의한 중재의 경우에는 심리종결일로부터 10일 이내에 중재판정을 내려야 한다.

중재판정의 효력은 법원의 확정판결의 효력과 동일하며 뉴욕협약 가입 국 간에는 상대국에서의 강제집행이 보장된다.

또한 중재는 단심제이므로 판정내용에 불복하여 다시 중재를 신청할 수 없으며, 소송을 제기할 수도 없다. 다만 중재판정 절차에 오류 내지 하자가 있거나 판정이 위법인 경우에는 법원에 중재판정 취소의 소를 제기할 수 있다.

New York Convention(뉴욕협약)의 정식명칭은 United Nations Convention on the Recognition and Enforcement of Foreign Arbitral Awards(외국중재판정의 승인 및 집행에 관한 국제연합조약)이며 1959년 6월 발효되었다. 우리나라를 포함한 전 세계 주요교역국이 가입하였으며 체약국 내의 중재판정의 결과는 외국에서도 강제집행이 가능하다는 것을 규정하고 있다.

무역사기

무역거래는 서로 다른 나라 사람들끼리의 거래인만큼 사기를 당할 가능성이 상존한다. 무역거래를 빌미로 접근하는 해외업체 중에는 처음부터 무역사기를 노리고 있는 경우도 있다.

무역사기를 예방하기 위해서는 신용도가 의심되는 해외거래처에 대한 신용조사를 철저히 하고, 무역사기의 유형을 숙지해서 유사한 상황에 처했을 때 무역사기를 당하지 않도록 조심해야 한다. 무역사기의 대표적인 유형 및 예방법은 다음과 같다.

사기유형	사기수법	예방법
샘플사취	바이어를 가장해서 무상으로 샘플을 보내달라고 한 후, 샘플만 챙기고 연락을 끊는다.	가급적 샘플을 무상으로 보내주지 말고 샘플비를 받은 다음에 보낸다.
가짜송금확인서	송금방식으로 수출할 경우 실제로 물품대금을 송금하지 않고 가짜송금확인서를 보내서 선적을 유도한다.	실제로 송금되었는지를 은행에서 확인한 후 선적한다.
서류상 트집	신용장방식의 거래에서 서류상의 하자를 이유로 서류인수를 거부한다.	신용장조건을 꼼꼼히 살펴서 필요한 경우 수정을 요청하고, 선적서류상 하자가 없도록 철저히 점검한다.
선생산 유도	선생산을 유도한 후 가격을 깎아달라고 한다.	물품대금이 송금되거나 신용장이 개설된 것을 확인한 후에 생산에 착수한다.
송금수수료 요구	거액의 자금을 나누어 갖자고 유인한 후 송금수수료를 보내달라고 요구한다.	거액의 자금 운운하면서 접근하는 경우에는 상대하지 않는다.
이메일 해킹	수출자의 이메일을 해킹한 후 수출자 명의로 수입자에게 이메일을 보내서 계좌번호가 변경되었으니 변경된 계좌로 물품대금을 보내라고 요청하고 송금된 돈을 가로챈다.	사전에 수입자 측과 계좌번호 변경 시 이메일이 아닌 다른 방식(전화, 서신 등)을 통해서 통지하기로 약속한다.
대형오더 미끼	대형오더를 수주할 수 있도록 도와주겠다며 접근해서 잡다한 명목으로 돈을 요구한다.	공식 루트를 통해서 오더를 수주하고 신분이 확인되지 않은 에이전트나 브로커의 송금요청에 응하지 않는다.
접대 요구	오더를 할 것처럼 접근해서 접대나 선물을 요구한다.	처음부터 노골적인 접대나 선물요구에는 응하지 않는다.
다른 물건 선적	신용장방식의 거래에서 실제 계약된 물건과 다른 물건을 선적하고 서류상으로는 제대로 실은 것처럼 꾸며서 은행에 제출하고 대금을 수령한다.	신용장상에 믿을 수 있는 사람 또는 검사기관에서 발행하는 검사증명서(inspection certificate)를 제출하도록 요구한다.

14장

비엔나협약

비엔나협약의 개요와 구성 ｜ 비엔나협약의 적용과 주요 내용

비엔나협약의 개요와 구성

1. 개요

비엔나협약의 공식명칭은 United Nations Convention on Contracts for the International Sale of Goods(CISG ; 국제물품매매에 관한 유엔협약)이다.

비엔나협약은 모든 국제물품매매계약에 공통적으로 적용되는 무역계약의 기본법으로서 매도인과 매수인의 권리와 의무에 관한 규정을 담고 있다. 본 협약은 1980년 3월에 UN에서 채택되어 1988년 1월 1일 발효되었으며, 우리나라는 2004년에 가입하고, 2005년 3월 1일 발효되었다.

2. 구성

비엔나협약은 총 4편 101조로 구성되었으며, 주요 내용은 다음과 같다.

1편 – 기본원칙

2편 – 청약과 승낙

3편 – 매도인과 매수인의 의무, 계약위반과 계약해제를 포함한 구제
수단 및 위험이전

4편 – 협약의 효력발생, 비준, 유보사항

비엔나협약의 적용과 주요 내용

1. 적용

비엔나협약은 국제물품매매계약에만 적용되며, 용역이 주된 대상인 거래(가공무역 등)에는 적용이 배제된다. 또한 당사자의 영업소 소재지에 따라 다음과 같이 적용된다.

① 양당사자의 영업소의 소재지가 모두 체약국인 경우에는 별도의 합의가 없어도 적용된다.

② 양당사자 또는 일방당사자의 영업소 소재지가 비체약국이더라도 양당사자 간에 이 협약을 적용하기로 준거법합의를 한 경우 적용된다.

③ 양당사자의 영업소 소재지가 모두 체약국이더라도 양당사자가 합의하면 이 협약의 전부 또는 일부의 적용을 배제할 수 있다.

2. 주요 내용

1) 청약

청약이란 매매조건을 제시하면서 그러한 조건으로 물품을 판매 또는 구매하겠다는 의사표시다. 청약의 효력은 상대방에게 도달했을 때 발생하며 다음의 경우에는 소멸된다.

- 청약의 철회 및 취소
- 청약의 거절
- 청약의 내용을 추가, 제한 또는 변경하여 승낙
- 반대청약
- 승낙기간의 경과

2) 승낙

승낙이란 청약을 받아들여 계약을 성립시키겠다는 피청약자의 의사표시다. 승낙의 효력과 철회는 상대방에게 도달했을 때 발생하며, 피청약자가 청약자에게 아무런 통지 없이 물품의 발송이나 대금의 지급과 같은 행위를 하면 그 행위가 행하여짐과 동시에 승낙으로서의 효력이 발생한다.

다음과 같은 승낙은 계약을 성립시키지 못한다.

- 지연된 승낙
- 조건부승낙, 일부승낙, 변경승낙

3) 매도인의 의무

매도인은 다음과 같은 의무가 있다.

- 물품인도의무
- 서류제공의무
- 소유권이전의무

클레임의 통지기한은 다음과 같다.

- 즉시발견 가능한 하자 − 하자발견 후 상당기간 내
- 잠재하자 − 하자발견 후 2년 내

4) 매수인의 의무

매수인은 다음과 같은 의무가 있다.

- 대금지급의무
- 물품인수의무

5) 매도인의 계약위반에 대한 매수인의 구제수단

매도인이 계약을 위반했을 때 매수인은 다음과 같은 권리를 행사할 수 있다.

- 계약대로의 이행청구(특정이행의 청구)
- 대체품인도의 청구
- 하자보완의 청구
- 이행기의 추가설정

- 대금감액의 청구

- 계약의 해제

- 손해배상청구

6) 매수인의 계약위반에 대한 매도인의 구제수단

매수인이 계약을 위반했을 때 매도인은 다음과 같은 권리를 행사할 수 있다.

- 계약대로의 이행청구(특정이행의 청구)

- 이행기의 추가설정

- 계약의 해제

- 손해배상청구

- 물품명세의 지정

상기한 구제수단 중 손해배상청구권은 다른 구제수단과 병행하여 사용할 수 있다. 예를 들어 매도인이 계약에서 합의한 선적일자 내에 물품을 선적하지 않을 경우 매수인은 선적기일을 연장(이행기의 추가설정)해주는 것과는 별도로 선적지연에 따르는 손해배상을 청구할 수 있다.

물품명세의 지정이란 매수인이 제 때 물품명세를 확정하지 않아서 합의된 선적기일 내에 선적이 어려울 경우 매도인이 임의로 물품명세를 정할 수 있는 권한을 부여받는 것을 뜻한다. 예를 들어 매수인이 물품의 모델별 수량을 나중에 통보해주기로 하고 계약을 체결해 놓고 이를 제 때 통보하지 않을 경우

매도인은 임의로 모델별 수량을 정해서 선적할 수 있는 권한을 부여받는다.

7) 계약의 해제

계약의 해제란 계약의 효력을 계약성립시로 소급하여 소멸시키는 계약당사자의 의사표시이다. 매수인이 물품을 인수한 당시와 동등한 상태로 물품을 반환할 수 없게 된 경우에는 계약해제권을 상실한다. 계약해제의 효과는 다음과 같다.

- **미 이행된 의무의 소멸** – 정당한 손해배상에 응할 것을 조건으로 양당사자를 계약의 의무로부터 면제시킨다.

- **원상회복 의무의 발생** – 계약의 전부 또는 일부를 이행한 자는 상대방에게 이미 공급하거나 지급한 것을 반환하도록 요구할 수 있다.

8) 위험의 이전

물품에 대한 위험부담의 이전은 어느 시점에서 물품의 멸실이나 손상이 발생된 경우 그 책임을 매도인과 매수인 중 누가 질 것인가의 문제이다. 위험부담이 매수인에게 이전된 후에는 물품이 멸실 또는 손상되더라도 매수인의 대금지급의무가 면제되지 않는다.

매도인이 본질적 계약위반을 한 경우에는 매수인에게로 위험이전이 이루어졌다 하더라도 매수인은 대금감액청구권, 대체품인도청구권, 하자보완청구권, 계약해제권 및 손해배상권 등의 권리구제수단을 행사할 수 있다.

매도인과 매수인의 의무나 위험의 이전 등과 관련한 규정 중 비엔나협약의 내용과 인코텀즈의 내용이 충돌할 때는 인코텀즈가 우선적으로 적용된다.

우리나라가 비엔나협약에 가입하기 전에는 계약서 상의 준거법(governing law)을 어느 나라 법으로 할 것인지를 두고 해외거래처와 갈등을 겪는 경우가 적지 않았으나 이제는 비엔나협약을 준거법으로 채택함으로써 그와 같은 문제를 해결할 수 있게 되었다.

법적인 문제 발생시 비엔나협약의 적용이나 해석과 관련하여 법률전문가의 도움을 받을 수 있으므로 협약의 구체적인 조항까지 완벽하게 숙지하려고 애쓸 필요는 없다.

15장

특수무역거래의 절차와 실무

위탁가공무역 및 중계무역 절차 | 비공산품 무역실무

위탁가공무역 및 중계무역 절차

1. 위탁가공무역 절차

위탁가공무역은 다음과 같은 절차에 의해 진행된다.

1) 위탁가공계약 체결

외국의 가공업체와 가공작업의 내용 및 가공임, 원료공급방식, 완제품 처리방법 등을 명시한 위탁가공계약을 체결한다.

2) 가공임신용장 개설

가공임의 지급은 송금방식이나 신용장방식으로 이루어진다. 가공임을 신용장방식으로 지급할 경우 바이어로부터 받은 완제품 master L/C를 근거로 해외가공업체에게 가공임 신용장을 개설한다.

3) 원자재공급

물품을 가공하는 데 필요한 원자재를 국내 또는 제3국이나 현지에서 조달하여 가공업체에 공급한다. 국내에서 원자재를 구매하는 경우에는 내국신용장에 의한 구매가 허용되며, 통관절차를 거쳐 무상으로 가공업체에게 제공한다. 원자재의 일부 또는 전부를 제3국 또는 현지에서 조달하는 경우에는 외국인수방식에 따라 원자재를 가공업체에 직접 보내게 하고 대금은 국내에서 지급할 수 있다.

4) 가공작업

원료를 공급받은 가공업체는 위탁가공계약에 의거 필요한 가공작업을 수행한다.

5) 가공물품의 선적

가공작업이 완료된 가공물품은 가공계약에 의거 국내로 재수입하거나 제3국으로 수출한다. 가공물품을 국내로 재수입하는 경우 원칙적으로 가공업체에 지급한 가공임에 국내 또는 제3국, 현지에서 조달한 원자재가격을 더한 금액에 대해서 관세 등의 세금이 부과된다.

다만 원자재와 가공물품의 HS 10단위 기준 품목분류번호가 동일한 경우에는 관세법에 의한 재수입면세 대상에 해당되어 가공임에 대해서만 관세 등의 세금을 납부한다. 또한 원자재와 가공임의 HS 6단위 품목분류번호가 다를 경우에는 원자재와 부자재 모두 국내산을 사용한 경우에도 가공물품의 원산지는 가공국이 된다.

2. 중계무역절차

중계무역은 다음과 같은 절차에 의해 진행된다.

① 해외공급업체로부터 물품을 확보하고 최종수입자에게 오퍼한다. 이
   때 물품의 원산지를 명확하게 밝혀야 한다.
② 최종수입자와 수출계약을 체결하는 한편 해외공급업체와 수입계약
   을 체결한다. 수입계약시 물품의 도착지를 한국으로 지정할 수도 있
   고 최종수입자가 지정하는 장소를 지정할 수도 있다.
③ 신용장방식의 거래일 경우 최종수입자로부터 신용장을 접수하여 이
   를 근거로 해외공급업체 앞으로 back to back L/C를 개설하거나,
   최종수입자로 하여금 양도가능신용장(transferable L/C)을 개설토록
   한 후 신용장의 조건을 변경하여 해외공급업체 앞으로 양도한다.
④ 해외공급업체에서 물건을 선적하고 선적서류를 보내온다.
⑤ 수입계약상의 도착지가 한국인 경우 해외공급업체에서 보내온 서류
   를 회수하고 새로운 선적서류를 준비해서 최종수입자에게 보내준다.
   도착지가 최종수입자가 지정한 장소일 경우에는 commercial invoice
   와 packing list를 새로 작성해서 해외공급업체가 보내온 B/L과 함께
   최종수입자에게 보내준다. 이 때 B/L 상의 shipper가 최종수입자와
   직접 거래관계가 없는 제3자임을 감안하여 수출계약시 제3자서류
   (third party documents)를 수락한다는 것을 명시해두는 것이 바람직
   하다.

한편 최종수입자에게 해외공급업체의 정보가 노출되는 것을 원하지 않을 경우에는 switch B/L 방식을 활용하여 중계무역상을 shipper로 하는 새로운 B/L을 발급받거나, 해외공급업체에게 B/L상의 shipper를 중계무역상으로 해달라고 요청하면 된다.

또한 필요시 부보비율을 원 신용장 금액에 맞게 늘린다. 예를 들어 원 신용장 금액이 10만 불이고 부보비율 110%인데 양도신용장 금액은 8만 불이라면 부보비율을 138%로 늘린다. 이 경우 제3국 공급자가 부보비율을 보고 원 신용장의 금액을 유추하는 것을 막을 수는 없다.

최종수입자가 원산지증명서를 요청할 경우에는 해외공급업체에게 보내달라고 해서 다른 선적서류와 함께 보내준다. 만일 원산지증명서상에 해외공급업체가 shipper로 표시되는 걸 원하지 않을 경우에는 중계무역상을 shipper로 하는 새로운 원산지증명서를 발급받아서 보내주면 된다.

이 때 새로운 원산지증명서를 발급받기 위해서는 원산지발급신청서에다 해외공급업체에서 보내온 원산지증명서를 첨부해서 제출해야 하며, 새로운 원산지증명서상의 원산지란에는 해외공급업체에서 보내온 원산지증명서상의 원산지가 그대로 표기된다.

비공산품 무역실무

농산물, 임산물, 수산물과 같은 1차산물이나 광산물 등 비공산품의 거래는 공산품의 거래와는 다른 방식으로 무역거래가 이루어진다. 비공산품거래에 적용되는 주요 무역실무의 내용은 다음과 같다.

1. 품질조건

비공산품은 공산품과 같이 샘플이나 상표 또는 규격서에 의해서 품질을 정할 수가 없으므로 다음과 같은 방식으로 품질을 정한다.

1) FAQ term

Fair Average Quality의 약자로서 평균균등품질조건이라고 하며 해당

연도 해당지역에서 생산되는 동종 생산물 가운데 대체로 중간 정도의 품질에 해당하는 것을 인도하기로 약정하는 것을 뜻한다. 이 조건은 곡물이나 과일의 매매에 사용되며, 특히 이들 품목의 선물거래에 많이 사용된다.

2) GMQ term

Good Merchantable Quality의 약자로서 판매적격품질조건이라고 하며 인도당시의 품질이 판매하기에 적합한 것을 인도하기로 약정하는 것을 뜻한다.

이 조건은 목재류나 냉동어류, 광산물과 같이 잠재적인 하자가 있을 가능성이 많은 물품의 거래에 주로 사용되며 품질의 등급과 상관없이 인도당시에 상품성이 보장되는지 여부만 가리는 조건이다.

3) USQ term

Usual Standard Quality의 약자로서 보통품질조건이라고 하며 해당상품을 관장하는 공인기관에서 보통품질이라고 판정하는 물품을 인도하기로 약정하는 것이다. 이 조건은 인삼이나 오징어, 원면 등의 거래에 사용된다.

한편 곡물과 같이 선적시와 양륙시의 품질이 달라질 가능성이 있는 경우 품질검사의 기준시기를 언제로 할 것이냐에 따라 다음과 같은 세 가지 조건으로 나눈다.

1) TQ

Tale Quale의 약자로서 검품의 기준시기를 선적시로 하는 선적품질조
건이다.

2) RT

Rye-Term의 약자로서 원해 호밀(rye)의 거래에서 사용되던 양륙품질
조건이다.

3) SD

Sea Damaged의 약자로서 원칙적으로는 선적품질조건이지만 양륙시
에 다음과 같은 하자가 발견된 경우 매도인이 책임을 지는 조건이다.

① 해상에서 발생한 하자
② 하자발생의 원인이 바닷물에 젖음(wet by sea water), 민물에 젖음
(wet by fresh water), 빗물에 젖음(wet by rain water), 증기에 젖음
(wet by vapour), 습기에 의한 손상(moisture damage) 또는 곰팡이나
세균에 의한 부패(decay) 등에 해당하는 경우

2. 수량조건

일반상품의 경우에는 계약수량을 정확히 지켜야 하지만 곡물이나, 광

물, 모래, 자갈 등과 같이 비포장상태로 거래되는 품목의 경우에는 계약된 수량을 정확하게 지키기가 힘들다.

이런 문제를 해결하기 위해서 계약체결시 과부족을 허용할 수 있는 범위를 정해서 해당 범위 내에 속하는 수량을 인도하면 계약상의 물품인도 의무를 이행한 것으로 간주하는 조항을 다는데 이런 조항을 과부족용인 조항(M/L clause; more or less clause)이라고 한다.

예를 들어 계약물량이 100톤이고 계약체결시 5%의 과부족을 용인하는 조건(5% more or less in quantity is acceptable)을 달면 95톤에서 105톤까지의 물량을 허용한다는 뜻이다.

신용장 통일규칙(UCP 600) 제30조에 따르면 수량이 개수나 포장단위로 표시되지 않는 곡물이나 석탄 등과 같은 bulk cargo의 경우 별도의 과부족 허용문구가 없더라도 5%를 초과하지 않는 범위 내에서 물품 수량의 과부족이 허용된다. 단 청구금액은 신용장 금액을 초과할 수 없다.

따라서 약정수량을 초과해서 인도하는 경우에는 신용장금액의 범위 내에서만 환어음을 발행해야 하며 남은 금액은 매수인과의 협의에 의해 별도로 회수해야 한다.

3. 거래조건

철강 등과 같은 원자재의 거래에는 FOB의 변형조건인 FOB ST이나 FOB ST LSD 등의 조건이 사용되기도 한다.

FOB ST에서 ST란 Stowed and Trimmed의 약자로서 화물이 선박의 갑판 위에 놓여질 때까지의 비용뿐만 아니라 선박 내에 화물을 안전하게 쌓고 정돈할 때까지의 비용과 위험을 매도인이 부담하는 조건이다.

또한 LSD는 Lashed, Secured, Dunnaged의 약자로서 항해 중에 화물이 움직이거나 화물끼리 부딪치는 것을 방지하는 작업을 뜻하며, FOB ST LSD라고 하면 위에 언급한 모든 작업이 끝날 때까지 발생하는 비용과 위험을 매도인이 부담하는 조건을 뜻한다.

4. 해상운임조건

일반상품의 운송에 사용되는 정기선의 운임에는 선적 및 하역비용을 포함시켜서 선주가 부담하는 것이 일반적이다. 이와 같이 운임에 선적비와 하역비를 포함시키는 조건을 Berth Term 또는 Liner Term이라고 한다.

한편 원유, 철강석, 석탄, 곡물 등 대량으로 거래되는 bulk cargo의 운송에는 용선계약에 따라 별도의 운임을 정하는데 이 때 선적비와 하역비를 누가 부담하느냐에 따라 다음과 같이 세 가지 조건으로 구분한다.

1) FIO(free in & out)

선적 및 하역비용을 화주가 별도로 부담하는 조건

2) FI(free in)

선적비용은 화주가 부담하고 하역비용은 선주가 부담하는 조건

3) FO(free out)

선적비용은 선주가 부담하고 하역비용은 화주가 부담하는 조건

5. 원자재거래절차

거래규모가 큰 원자재 거래에서는 거래의 안전을 위하여 단계별로 별도의 서식을 교환하며 다음과 같은 순서로 거래가 진행된다.

① 바이어가 LOI(Letter of Intent)를 발행한다.

② 셀러가 FCO(Full Corporate Offer)를 발행한다.

③ 바이어가 FCO의 내용을 확인하고, ICPO(Irrevocable Corporate Purchase Order)와 BCL(Bank Capability Letter)를 발행한다.

④ 셀러가 계약서 초안을 바이어에게 발송한다.

⑤ 셀러와 바이어 간에 계약서 초안에 대한 의견을 교환한다.

⑥ 셀러가 최종계약서를 작성하여 바이어에게 발송한다.

⑦ 바이어의 거래은행에서 POF(Proof of Fund)를 발행하여 셀러의 은행으로 발송한다.

⑧ 셀러의 거래은행에서 POP(Proof of Product)를 발행하여 바이어의

거래은행으로 발송한다.

⑨ 바이어의 은행에서 Non-operative L/C를 발행한다.

⑩ 셀러의 은행에서 Performance Bond를 발행한다.

⑪ L/C가 활성화된다.

⑫ 계약에 의거 물품을 선적한다.

부록

| 무역일반 |

대외무역법 수출입거래를 관리하는 기본법으로서 대외무역을 진흥하고 공정한 거래질서를 확립하여 국제수지의 균형과 통상의 확대를 도모함으로써 국민경제의 발전에 이바지함을 목적으로 함.

외국환거래법 외국환거래를 적절하게 관리함으로써 대외거래를 원활하게 하고 국제수지의 균형, 통화가치의 안정 및 외화자금의 효율적 운영을 도모하기 위한 법.

관세법 수출입물품의 통관과 관세의 부과 및 징수를 총괄하는 법으로서 수출입물품의 통관을 적절하게 하고 관세수입을 확보함으로써 국민경제의 발전을 도모하는 것을 목적으로 함.

개별법 식품위생법, 약사법, 화장품법, 전기용품안전관리법 등과 같이 무역과 직접적인 관련이 없는 법이지만 무역거래를 규제할 수 있는 법.

수출입품목관리제도 사업자등록만 하면 누구나 자유롭게 무역을 할 수 있도록 허용하지만 품목에 따라서는 수출입을 제한함으로써 국가경제나 국민을 보호하기 위한 제도.

수출입공고 수출입품목을 관리하기 위한 기본공고로서 Negative List System에 의해서 품목별로 수출입을 관리함.

통합공고 식품위생법, 약사법, 화장품법, 전기용품안전관리법, 자연환경보호법 등과 같은 개별법에 의한 품목별 수출입제한 내용을 통합하여 공고하는 것.

전략물자수출입고시 전략물자의 수출입을 통제함으로써 국제평화 및 안전과 국가안보를 유지하기 위한 규정.

위탁가공무역 외국의 가공업체에게 물품을 제조하는 데 필요한 원부자재를 공급해주고 물품을 가공하도록 한 다음 가공한 물품을 국내로 들여오거나 현지에서 제3국으로 수출하는 거래형태.

중계무역 제삼국에서 생산된 물건을 구입하여 또 다른 제삼국으로 수출하는 거래형태.

중개무역 자신이 직접 수출입거래를 하지 않고 제삼국의 수출자와 수입자 간의 거래를 중개해주고 수수료를 취하는 것.

오퍼상(Commission Agent) 외국의 수출업자를 대신해서 국내수입업자로부터 오더를 수주하고 커미션을 받는 무역에이전트.

바잉오피스(Buying Office) 외국의 수입업자를 대신해서 국내수출물품의 구매를 관리하는 무역에이전트.

OEM(주문자상표부착방식) Original Equipment Manufacturing의 약자로서 주문자가 지정한 상표를 부착하여 물건을 생산해서 공급하는 방식.

ODM(제조업자개발생산) Original Development Manufacturing의 약자로서 제조업자가 자체 개발한 기술을 바탕으로 물건을 생산하여 주문자에게 공급하는 방식.

BWT(보세창고도거래) Bonded Warehouse Transaction의 약자로서 수출자가 자신의 위험과 비용으로 수입국의 보세창고에 물품을 입고시키고 수입통관을 밟지 않은 상태에서 현지에서 물품을 판매하는 방식.

거래조건(Trade Terms) 수출자와 수입자 간의 무역거래에 따르는 비용과 위험부담을 명확히 하기 위한 조건.

결제방식(Payment Terms) 무역거래에 따르는 물품대금의 지급방식.

신용장(Letter of Credit) 개설은행에서 수출자에게 신용장에 명시된 선적서류와 상환하여 수출대금을 지급하겠다고 약속하는 증서.

선적서류(Shipping Documents) 선적사실을 확인하고 물품을 찾을 수 있도록 수출자가 수입자에게 보내주는 서류로서 상업송장(Commercial Invoice), 포장명세서(Packing List), 선하증권(Bill of Lading) 등이 있음.

샘플오더(Sample Order) 수입판매가능성을 타진하고 시장조사의 목적으로 소량의 물건을 주문하는 것.

시험오더(Trial Order) 물건을 직접 시장에 판매하면서 소비자들의 반응을 살펴보기 위해서 일정규모의 물량을 주문하는 것.

본오더(Main Order) 시험오더해서 판매해본 결과 시장성이 확인된 물건을 본격적으로 주문하는 것.

재오더(Repeat Order) 한 번 주문했던 물건을 다시 주문하는 것.

병행수입(Parallel Import) 원산지의 제조업자로부터 직접 수입하지 않고 유통시장에서 구입하여 수입하는 것.

| 거래조건 |

인코텀즈(INCOTERMS) International Commercial Terms의 약어로서 국제상업회의소(ICC; International Chamber of Commerce)에서 제정한 정형거래조건에 관한 국제규칙(ICC rule for the use of domestic and international trade terms)으로서 보험을 누가 들지를 판단하고 수출입원가를 계산하는 기준이 됨.

EXW(공장인도조건) Ex Works의 약자로서 공장이나 창고와 같은 지정된 장소에서 수출통관을 하지 않은 물품을 인도하는 조건.

FOB(본선인도조건) Free On Board의 약자로서 지정된 선적항에서 수입자가 지정한 선박에 물품을 적재하여 인도하는 조건.

FAS(선측인도조건) Free Alongside Ship의 약자로서 지정된 선적항에서 수입자가 지정한 선박의 선측에서 물품을 인도하는 조건.

FCA(운송인인도조건) Free Carrier의 약자로서 수출국 내의 지정된 장소에서 수입자가 지정하는 운송인에게 수출통관이 완료된 물품을 인도하는 조건.

CFR(운임포함인도조건) Cost and Freight의 약자로서 선적항에서 물품을 적재하여 인도하고 지정된 목적항까지의 운임을 수출자가 부담하는 조건.

CIF(운임보험료포함인도조건) Cost Insurance and Freight의 약자로서 선적항에서 물품을 적재하여 인도하고 지정된 목적항까지의 운임과 보험료를 수출자가 부담하는 조건.

CPT(운송비지급인도조건) Carriage Paid To의 약자로서 수출자가 선택한 운송인에게 물품을 인도하고 지정된 목적지까지의 운송비를 수출자가 부담하는 조건.

CIP(운송비보험료지급인도조건) Carriage and Insurance Paid To의 약자로서 수출자가 선택한 운송인에게 물품을 인도하고 지정된 목적지까지의 운송비와 보험료를 수출자가 부담하는 조건.

DAP(도착지인도조건) Delivered At Place의 약자로서 지정된 목적지에 도착한 운송수단에서 물품을 내리지 않은 상태로 인도하는 조건.

DPU(도착지양하인도조건) Delivered at Place Unloaded의 약자로서 지정된 목적지에 도착한 운송수단에서 물품을 내려서 인도하는 조건.

DDP(관세지급인도조건) Delivered Duty Paid의 약자로서 수입통관된 물품을 지정된 목적지에 도착한 운송수단에서 내리지 않은 상태로 인도하는 조건.

| 결제방식 |

신용장 결제방식 은행에서 발행하는 신용장(Letter of Credit)에 의해서 결제하는 방식.

송금방식(T/T; Telegraphic Transfer) 은행을 통해서 상대방의 계좌로 대금을 송금하는 결제방식.

사전송금방식 물건이 선적 또는 인도되기 전에 미리 물품대금을 송금하는 방식.

사후송금방식 물건이 선적되거나 인도된 후에 물품대금을 송금하는 방식.

OA(Open Account) 사후송금방식으로 수출하고 발생한 외상수출채권을 은행과 약정을 맺고 미리 지급받는 방식.

COD(Cash On Delivery) 물품의 인도와 상환하여 물품대금을 지급하는 방식.

CAD(Cash Against Documents) 선적서류와 상환하여 물품대금을 지급하는 방식.

추심결제방식 은행에서 수입자로부터 대금을 수령하여 수출자에게 전달해주는 방식으로 D/P와 D/A로 나누어짐.

결제
방식

D/P(Documents Against Payment) 수입자가 물품대금을 지급하고 선적서류를 인수하는 방식.

D/A(Documents Against Acceptance) 수입자가 선적서류를 인수하고 일정기간 후에 물품대금을 지급하는 방식.

국제팩토링(International Factoring) 무신용장방식으로 수출하고 발생한 외상수출채권을 팩토링회사에 양도하고 수출대금을 지급받는 방식.

포페이팅(Forfaiting) 무역거래에서 발생하는 장기외상채권을 신용장 또는 은행에서 발행하는 지급보증서나 보증(Aval)을 근거로 포페이터 (forfaitor)에게 할인양도하는 방식으로서 대금결제방식이라기보다는 금융기법의 일종임.

| 신용장(Letter of Credit) |

취소불능신용장(Irrevocable L/C) 당사자 전원의 동의가 없이는 취소가 불가능한 신용장.

화환신용장(Documentary L/C) 수출자가 물건을 선적하고 선적서류와 상환하여 대금을 지급받는 신용장.

일람불신용장(At Sight L/C) 선적서류 제시 즉시 대금이 결제되는 신용장.

기한부신용장(Usance L/C) 선적서류 제시 후 일정기간 후에 대금이 결제되는 신용장.

Shipper's Usance L/C 유선스 기간의 이자를 수출자가 부담하는 기한부신용장.

Banker's Usance L/C 유선스 기간의 이자를 수입자가 부담하는 기한부신용장으로서 수출자는 at sight L/C와 마찬가지로 선적 즉시 대금을 수령할 수 있음.

Negotiation L/C(매입신용장) 수출자가 개설은행으로부터 직접 대금을 수령하지 않고 매입은행으로부터 대금을 지급받는 신용장.

Payment L/C(지급신용장) 수출자가 개설은행의 지점 또는 예치환거래 은행으로부터 수출대금을 지급받는 신용장.

양도가능신용장(Transferable L/C) 신용장 금액의 일부 또는 전부를 제 삼자에게 양도할 수 있는 신용장.

확인신용장(Confirmed L/C) 개설은행과 별도로 확인은행이 신용장에 명 시된 대금의 지급을 확약하는 신용장.

회전신용장(Revolving L/C) 동일한 수출자로부터 동일한 물품을 반복해 서 수입할 경우 이미 사용된 신용장을 동일한 조건의 새로운 신용장으로 자동적으로 소생시키는 신용장.

견질신용장(Back to Back L/C) 원신용장(Master L/C)을 견질로 하여 원 자재나 완제품공급자에게 발행하는 제2의 신용장을 뜻하며, 국내공급자 를 수익자로 발행되는 Local L/C와 중계무역 시 국외공급자를 수익자로 발행되는 Sub L/C(Baby L/C)가 있음.

동시개설신용장(Back to Back L/C) 수출자가 신용장을 받은 날로부터 일정한 기일 내에 수입자에게 Counter L/C를 개설해야 신용장이 유효하다 는 조건을 단 신용장.

기탁신용장(Escrow L/C) 수출대금을 수출자와 수입자가 합의한 Escrow 계정에 예치한 후 수출자가 수입자에게 Counter L/C를 발급하고 그 결제 자금으로만 인출할 수 있도록 하는 신용장.

토마스신용장(Tomas L/C) 동시개설신용장과 같으나 언제까지 Counter L/C를 개설하겠다는 내용의 보증서를 제출하도록 한 신용장.

보증신용장(Stand-by L/C) 물품거래와 상관없이 순수한 보증목적으로 사용되는 신용장.

선대신용장(Red-Clause L/C) 신용장개설의뢰인의 요청에 따라 수출업 자에게 수출대금의 일부 또는 전부를 선적서류제출 이전에 미리 지급받을 수 있도록 허용하는 신용장.

내국신용장(Local L/C) 수출자가 수취한 신용장을 근거로 국내의 수출용 원자재나 완제품 공급자 앞으로 발행하는 신용장.

구매확인서 수출자가 국내공급자로부터 구매하는 원자재 또는 완제품이 수출용 원자재 또는 완제품이라는 사실을 외국환은행이 증명하는 서식.

개설의뢰인(Applicant) 개설은행에 신용장 개설을 의뢰하는 수입자.

수익자(Beneficiary) 신용장에 의거해 수출을 이행하고 은행으로부터 신용장대금을 지급받는 수출자.

개설은행(Issuing Bank) 수입자의 요청에 의해 신용장을 개설해주는 은행.

통지은행(Advising Bank) 개설은행으로부터 신용장을 접수하여 수출자에게 통지해주는 은행.

확인은행(Confirming Bank) 개설은행과 별도로 신용장에 명시된 대금의 지급을 확약하는 은행.

매입은행(Negotiating Bank) 수출자로부터 신용장에 명기된 선적서류를 매입하고 수출대금을 지급해주는 은행.

상환은행(Reimbursing Bank) 매입은행이 개설은행과 거래관계가 없을 경우 제3의 은행을 통해서 수출대금의 상환이 이루어지도록 하는데 이러한 역할을 하는 은행을 상환은행이라고 하며 일명 결제은행(Settling Bank)이라고도 함.

네고(Negotiation) 매입은행에서 수출자로부터 선적서류를 매입하고 수출대금을 지급하는 것.

신용장개설수수료(L/C Opening Charge) 개설은행에서 수입자를 대신해서 대금지급을 확약하는 데 따르는 보증료 성격으로 징수하는 수수료.

신용장통지수수료(Advising Commission) 통지은행에서 수출자에게 신용장을 통지할 때 징수하는 수수료.

신용장확인수수료(Confirmation Charge) 확인은행에서 별도의 지급확약을 해주는 대가로 징수하는 수수료.

환가료(Exchange Commission) 매입은행이 수출자에게 미리 신용장대금을 지급하고 개설은행으로부터 동 대금을 수취할 때까지의 기간에 대해서 이자 성격으로 징수하는 수수료.

미입금수수료(Less Charge) 매입은행에서 예상치 못했던 수수료가 해외은행으로부터 징수된 경우에 수출자로부터 추징하는 수수료.

지연이자(Delay Charge) 수출의 경우 개설은행으로부터 대금의 입금이 지연되거나, 수입의 경우 수입자의 대금지급이 지연될 경우에 징수하는 수수료.

대체료(In Lieu of Exchange Commission) 외화계정으로 입출금을 할 경우 은행에서 외국환매매에 따르는 이익을 얻을 수 없는 것을 보전하기 위해서 징수하는 수수료.

Draft(환어음) 수출자가 개설은행 또는 수입자 앞으로 발행하는 지급요청서.

Tenor of Draft 환어음의 지급기일.

Latest Shipment 최종선적기한.

E/D(Expiry Date) 신용장의 유효기간으로서 신용장에서 요구하는 서류를 제출하는 마감시한.

S/D(Shipping Date) 선적일자.

분할선적(Partial Shipment) 물건을 두 차례 이상 나누어 싣는 것.

환적(Transshipment) 물건을 선적항에서 도착항까지 같은 선박으로 운송하지 않고 중간 기착지에서 다른 선박에 옮겨 싣는 것.

원산지(Origin) 물품이 생산된 국가.

선적지(Shipping Port) 물건이 선적되는 곳.

도착지(Destination) 물건이 도착할 곳.

신용장통일규칙 신용장에 대한 각기 다른 해석으로 인해 발생하는 분쟁에 대비하기 위해서 국제상업회의소(International Chamber of Commerce)에서 제정한 신용장의 해석기준.

| 무역계약 |

Offer(오퍼) 수출자가 수입자에게 수출할 물건의 명세, 가격, 납기 등의 제반 거래조건을 제시하는 것.

Offer Sheet(물품매도확약서) 오퍼의 내용을 명시하여 발행하는 서식.

Proforma Invoice(견적송장) 수출자가 수입자와 합의한 계약조건을 명시하여 발행하는 서식.

Purchase Order(주문서) 수입자가 수입할 물품의 명세와 계약조건을 명시하여 발행하는 서식.

클레임(Claim) 계약당사자 중 한 쪽에서 계약을 제대로 이행하지 않았을 때 피해자가 상대방에게 손해보상을 청구하는 권리 또는 손해배상을 요구하는 것.

알선(Intermediation) 당사자의 일방 또는 쌍방의 의뢰에 따라 상공회의소, 상사중재원 등과 같은 기관에서 타협안을 제시함으로써 클레임을 해결하는 방식.

조정(Conciliation) 당사자 쌍방의 조정합의에 따라 공정한 제3자를 조정인으로 선임하여 분쟁해결방안을 제시해줄 것을 요청하고, 조정인이 제시하는 조정안에 쌍방이 동의함으로써 클레임을 해결하는 방법.

중재(Arbitration) 당사자 쌍방의 중재합의에 의하여 공정한 제3자를 중재인으로 선정하고, 중재인이 내린 중재판정에 무조건 복종함으로써 분쟁을 해결하는 방식.

소송(Litigation) 사법기관의 판결에 의하여 무역클레임을 강제적으로 해결하는 방법.

뉴욕협약(New York Convention) 공식명칭은 United Nations Convention on the Recognition and Enforcement of Foreign Arbitral Awards(외국 중재판정의 승인 및 집행에 관한 유엔협약)이며, 체약국 내의 중재판정의 결과는 외국에서도 강제집행이 가능하도록 규정해 놓았음.

비엔나협약(Vienna Convention) 공식명칭은 United Nations Convention on Contracts for the International Sales of Goods(CISG; 국제물품매매에 관한 유엔협약)이며, 모든 국제물품계약에 공통적으로 적용되는 기본법으로서 매도인과 매수인의 권리와 의무에 관한 규정을 담고 있음.

| 선적서류 |

상업송장(Commercial Invoice) 물품명세서와 대금청구서의 용도로 수출자가 발행하는 서식으로서 물품의 명세, 수량, 단가 및 총 금액을 표시.

Description 물건의 명세.

Quantity 물건의 양.

Unit Price 물건의 단가.

Amount 물건의 총액.

포장명세서(Packing List) 물품의 포장명세, 무게, 부피 등을 표시한 포장내역서.

Net Weight 물건의 순중량.

Gross Weight 물건의 순중량에 포장용기의 중량을 합한 중량.

Measurement 물건의 부피.

CBM(Cubic Meter) 가로, 세로, 높이가 각각 1m일 때의 부피단위.

선하증권(B/L; Bill of Lading) 해상운송계약에 따라 화물을 인수하고 증권에 기재된 조건에 따라 운송하며 지정된 목적항에서 증권의 정당한 소지인에게 화물을 인도할 것을 약정하는 유가증권.

Original B/L 흔히 '오비엘'이라고 부르는 선하증권의 원본.

Master B/L 선박회사에서 포워더에게 발행하는 B/L.

House B/L Forwarder B/L이라고도 불리며 Master B/L을 근거로 포워더가 화주에게 발행하는 B/L.

Third Party B/L B/L상의 선적인이 계약당사자가 아닌 제3자가 되는 것.

Stale B/L 신용장에 명시된 제시시한이 경과한 B/L.

항공화물운송장(AWB; Air Waybill) 화물을 인수하였음을 증명하고 동 화물을 항공으로 운송하여 운송장에 명시한 수하인에게 인도할 것을 약정하는 운송계약증서.

해상화물운송장(SWB; Sea Waybill) 화물을 인수하였음을 증명하고 동 화물을 해상으로 운송하여 운송장에 명시한 수하인에게 인도할 것을 약정하는 운송계약증서.

보험증권(Insurance Policy) 보험회사에서 발행하는 손해보장확인증서.

원산지증명서(Certificate of Origin) 물품의 원산지를 확인하기 위해서 수출국의 상공회의소나 관련 관공서에서 발급하는 증명서.

검사증명서(Inspection Certificate) 수입자가 지정하는 검사기관에서 수출품 선적 전에 수출품의 품질이나 수량을 검사하고 이상이 없음을 확인해주는 증명서.

| 포장 |

Individual Packing 개별 물품에 대한 포장.

Inner Packing 개별물품을 일정량씩 포장하는 중간포장.

Export Packing 수출용포장.

Export Carton Box 수출포장용 카튼박스.

화인(Shipping Mark) 화물의 포장박스 표면에 수입자의 상호, 도착항, 아이템번호, 포장일련번호, 원산지 등을 표기하는 것.

| 운송 |

컨테이너운송 화물을 컨테이너에 적재하여 운송하는 방식.

벌크(Bulk)운송 광물이나 곡물 등과 같은 화물을 야적상태로 운송하는 방식.

복합운송(Multimodal Transport) 하나의 운송계약에 의거 서로 다른 두

포장

운송

가지 이상의 운송수단을 사용하여 화물을 운반하는 것.

복합운송주선업자(Forwarder) 운송과 관련된 모든 업무를 일괄해서 대행해주는 업체.

수하인(Consignee) B/L상에 명시된 화물의 수취인.

통지인(Notify Party) 선박회사에서 물건을 찾아가라고 연락해주는 대상.

S/R(선복신청서) Shipping Request의 약자로서 선박회사에 화물을 선적할 공간을 요청하는 서류.

S/O(선적지시서) Shipping Order의 약자로서 선박회사에서 화물을 선박에 적재하여 목적지까지 운송할 것을 선장에게 지시하는 서류.

M/R(본선인수증) Mate's Receipt의 약자로서 일등항해사가 화물수령의 증거로 발행하는 서류.

D/R(부두수취증) Dock Receipt의 약자로서 컨테이너 화물을 부두에서 수령했다는 증거로 발행하는 서류.

Arrival Notice(화물도착통지서) 운송업체에서 선박의 도착스케줄을 화주에게 통보해주는 서류.

D/O(화물인도지시서) Delivery Order의 약자로서 선주나 그 대리점이 본
선의 선장에게 화물의 인도를 지시하는 서류.

Clean B/L 선적지시서에 기재된 내용과 화물이 일치하고 포장에 이상
이 없어 선하증권에 아무런 하자표시가 들어있지 않은 무하자 선하증권.

Unclean B/L 화물의 수량 및 성질 등에 하자가 있을 경우 선하증권에
하자표시를 한 하자선하증권.

L/I(파손화물보상각서) Letter of Indemnity의 약자로서 하자물품을 선적
할 경우에 Clean B/L을 받기 위해서 Shipper가 선박회사에 책임을 전가시
키지 않겠다고 서약하는 서류.

운송

L/G(수입화물선취보증서) Letter of Guarantee의 약자로서 수입자와 신용
장개설은행이 연대하여 선박회사에 선하증권 원본이 도착하는 대로 이를
제출할 것과 선하증권 원본 없이 물건을 인도받는 데 따른 모든 문제에 대
해서 선박회사에게 책임을 지우지 않겠다고 보증하는 서류로서 인근국가
간의 신용장방식에서 서류보다 물건이 먼저 도착함으로써 수입자가 물건
을 제때 인수할 수 없을 때 사용함.

Surrendered B/L Original B/L의 발행을 포기하거나 이미 발행된 경우 이를 선박회사에 반납하는 것을 뜻하며, 인근국가 간의 거래에서 물건 도착 즉시 선하증권 사본을 제시하고 물건을 찾고자 할 때 사용함.

Switch B/L 중계무역거래에서 중계무역업자가 제3국의 수출자로부터 받은 선하증권을 선박회사에 반납하고 새로운 선하증권을 발급받는 것을 뜻하며, 최종수입자에게 수출자가 노출되는 것을 방지하기 위해서 선하증권에 명시된 선적인(shipper)을 바꾸기 위한 목적으로 사용함.

T/R(수입담보화물대도) Trust of Receipt의 약자로서 수입자가 물품대금을 지급하기 전에 은행이 담보권을 확보한 상태에서 수입자에게 수입물품을 통관해서 처분할 수 있도록 허용하는 것.

FCL(Full Container Load) 단독으로 컨테이너를 채울 수 있는 화물.

LCL(Less Container Load) 단독으로 컨테이너를 채울 수 없어서 다른 화주의 화물과 함께 실어야 하는 소량화물.

CT(Container Terminal) 컨테이너전용부두에 설치되어 있는 컨테이너 집결지를 뜻하며, 수출화물이 선적되기 전이나 수입화물이 하역되어 대기하는 장소임.

CY(Container Yard) 컨테이너터미널 내에 위치한 컨테이너야적장으로서 수출 시 선박에 컨테이너를 싣기 전이나 수입 시 선박에서 내린 컨테이너를 모아두는 장소를 뜻함.

CFS(Container Freight Station) 복수의 송화인으로부터 LCL 화물을 인수해서 컨테이너에 적재하는 작업을 하거나, 수입된 LCL 화물을 컨테이너에서 하역하는 작업을 하는 장소로서 컨테이너작업장이라고 부름.

ICD(Inland Container Depot) 내륙에 위치한 컨테이너기지로서 항구나 공항과 마찬가지로 컨테이너 화물처리를 위한 시설을 갖추고 수출입화물의 통관, 화물집하, 보관, 분류, 간이운송, 관세환급 등 종합물류터미널로서의 기능을 다하는 지역을 일컫음.

Freight Prepaid 운송 전에 운임을 미리 결제하는 것.

Freight Collect 운송이 완료된 후에 운임을 결제하는 것.

운송

선적통지(Shipping Notice) 수출자가 수입자에게 선적스케줄을 통보하는 것.

ETD(Estimated Time of Departure) 예상출항일자.

ETA(Estimated Time of Arrival) 예상도착일자.

분할선적(Partial Shipment) 물건을 두 차례 이상 나누어 싣는 것.

환적(Transshipment) 물건을 선적항에서 도착항까지 같은 선박으로 운송하지 않고 중간 기착지에서 다른 선박에 옮겨 싣는 것.

BAF(Bunker Adjustment Factor) 선박의 주원료인 벙커유 가격변동에 따르는 손실을 보전하기 위해서 부과하는 유류할증료.

EMS(Emergency Bunker Surcharge) 전쟁이나 분쟁, 산유국의 담합으로 유가가 폭등할 경우 긴급 부과하는 할증료.

CAF(Currency Adjustment Factor) 운임표시 통화의 가치하락에 따른 손실을 보전하기 위해서 부과하는 통화할증료.

THC(Terminal Handling Charge) 수출화물의 경우 CY에 입고된 시점부터 본선선측에 도착할 때까지, 수입화물의 경우 본선선측에서부터 CY에 입고될 때까지 화물의 이동에 따르는 화물처리비용.

CCC(Container Clearing Charge) 컨테이너 청소비용.

WFG(Wharfage) 항만운영업자가 부두사용료조로 부과하는 요금.

DOC Charge(Document charge) 수출 시 B/L, 수입 시 D/O를 발급해 줄 때 징수하는 서류발급비.

DOC Fee(Document Fee) 포워더가 징수하는 서비스 비용.

Storage Charge 화물이 입고돼서 출고될 때까지 보관료조로 터미널에서 화주에게 징수하는 비용.

Demurrage Charge 컨테이너를 정해진 기간 내에 가져가지 않을 때 선박회사가 화주에게 부과하는 비용. Bulk cargo의 경우에는 정해진 기간 내에 선적이나 하역을 하지 못해서 선박의 출항이 지연되는 경우 선박회사에서 화주에게 부과하는 체선료를 뜻함.

Detention Charge 컨테이너를 정해진 기간 내에 반납하지 않을 때 지연된 반납에 대한 피해보상 명목으로 선박회사에서 화주에게 부과하는 비용.

Free Time 컨테이너를 가져가거나 반납할 때까지 별도의 비용을 부과하지 않고 허용해주는 기간.

운송

| 보험(Insurance) |

적하보험 운송 중에 발생하는 물품의 분실이나 파손을 보상해주는 보험.

Insurer 보험자 즉 보험회사.

Insured 피보험자 즉 보험에 드는 자.

Insured Amount 보험금액.

Insured Premium 보험료.

Insurance Policy 보험증권.

전손(Total Loss) 물건의 전부가 멸실되거나 손상 정도가 심해서 구조나 수리비가 보험에 든 금액보다 큰 경우.

현실전손(Actual Total Loss) 물건이 현실적으로 존재할 수 없을 정도로 심한 손상을 입거나 멸실된 경우.

추정전손(Constructive Total Loss) 물건이 손실 또는 손상되어 수리비용, 보험금이 수리 후의 화물의 가치를 초과하여 전손으로 추정될 정도의 손해를 입은 경우.

분손(Partial Loss) 물건의 일부만이 손상된 경우.

단독해손(Particular Average) 손해를 입은 구성원의 단독부담으로 돌아가는 손해.

공동해손(General Average) 해상에서 위험에 처한 선박을 구하기 위해서 일부를 희생시킴으로써 발생한 손해를 공동으로 부담하는 것.

무역보험 수출입거래에서 발생하는 다양한 위험 중에서 적하보험에서 커버되지 않는 위험으로 인한 손실을 보상해주는 보험.

수출보험 수출거래에서 발생하는 다양한 위험 중에서 적하보험에서 커버되지 않는 위험으로 인한 손실을 보상해주는 보험.

수입보험 수입거래에서 발생하는 다양한 위험 중에서 적하보험에서 커버되지 않는 위험으로 인한 손실을 보상해주는 보험.

보험

단기수출보험 결제기간이 2년 이내인 수출계약을 체결한 후 수출이 불가능하게 되거나 수출대금을 받을 수 없는 경우의 손실을 보상해주는 보험.

중장기수출보험 결제기간이 2년을 초과하는 수출계약을 체결한 후 수출이 불가능하게 되거나 수출대금을 받을 수 없는 경우의 손실을 보상해주는 보험.

환변동보험 수출입거래에서 발생하는 환률변동으로 인한 손실을 보상해주는 보험.

│ 통관(Customs Clearance) │

통관(Customs Clearance) 무역관련법령에 의거 물품의 수입과 수출에 따른 각종 규제사항을 확인하고 관세를 부과하기 위한 세관의 통과절차.

관세(Customs Duty) 수입물품에 대해 과세하는 세금.

HS(Harmonized System) 무역서류와 통계자료의 통일성을 기하고자 관세협력이사회가 제정한 국제적인 통일상품분류체계.

HSK(The Harmonized System of Korea) HS를 우리나라의 실정에 맞게 보완한 것으로서 수출입화물을 10자리의 숫자로 분류함.

수출신고(Export Declaration) 외국에 수출하는 물건의 명세와 거래조건 등을 세관장에게 서면으로 신고하는 것.

수입신고(Import Declaration) 외국으로부터 수입하는 물건의 명세와 거래조건 등을 세관장에게 서면으로 신고하는 것.

수출신고필증 세관장이 수출자에게 수출이 허가되었음을 증명해주는 서류.

수입신고필증 세관장이 수입자에게 수입이 허가되었음을 증명해주는 서류.

보세제도 외국물품에 대한 관세의 징수를 일정기간 유보하는 제도.

보세구역(Bonded Area) 수출신고를 마친 수출품이나 수입신고를 하기 전의 수입품을 보관하는 장소.

보세창고(Bonded Warehouse) 외국물품 또는 통관을 하고자 하는 물품을 일시적으로 보관하기 위한 장소.

보세운송(Bonded Transportation) 수출신고를 마친 수출품이나 수입신고를 하기 전의 수입품을 운송하는 것.

통관

관세환급 수입 시 징수한 관세를 특정한 요건에 해당하는 경우에 전부 또는 일부를 되돌려주는 것. 주로 수출품의 제조에 사용한 원재료를 수입할 때 납부한 관세를 되돌려주는 것을 일컬음.

개별환급 수출품을 제조 또는 가공할 때 사용한 원재료를 수입할 때 납부한 관세 등의 세액을 사용한 원재료별로 확인하고 계산하여 환급금을 산출하는 방식.

간이정액환급 수출품목별로 환급해줄 금액을 미리 정하여 간이정액환급률표를 작성해 놓고 소요원재료별 납부세액을 일일이 계산하지 않고 간이정액환급률표에 기재된 환급금액을 그대로 환급해주는 방식.

소요량증명서 무역금융이나 관세환급을 받기 위해서 수출품을 생산하는 데 필요한 원자재의 양을 확인하여 발급하는 증명서.

분할증명서(분증) 외국에서 수입한 원료를 제조 또는 가공하지 않고 수입한 그대로 수출용원재료로 국내에서 공급하는 경우 해당 원료를 수입할 때 납부한 관세 등의 세액을 증명하는 서류.

기초원재료 납세증명서(기납증) 외국에서 수입한 원재료를 가공한 중간원재료를 국내에서 공급받아 수출품을 제조 또는 가공하는 경우 중간원재료의 국내공급업자가 원재료를 수입할 때 납부한 관세 및 내국세의 세액을 증명해주는 서류.

평균세액증명서 수출용원재료를 HSK 10단위별로 통합함으로써 규격 확인을 생략하고 전체 물량의 단위당 평균세액을 산출하여 증명하는 서식으로서 개별환급절차를 간소하게 하기 위해서 고안된 제도임.

찾아보기 국문

찾아보기 영문

A

B

heat treatment; HT 293

hook & hole 247

I

incoterms 74

injunction 155

inland clearance depot; ICD 214

inland container depot; ICD 214

insurance policy 248

insurance premium 248

insured 248

insured amount 248

insurer 247

intermediation 315

irrevocable corporate purchase order;
    ICPO 345

irrevocable L/C 144

issuing bank 153

L

lashed, secured, dunnaged; LSD 344

latest date of shipment 110

leakage and/or shortage 247

less charge 165

less than container load; LCL 212

letter of credit; L/C 110

letter of guarantee; L/G 233

letter of indemnity; L/I 231

letter of intent; LOI 345

liner 210

liner term 344

litigation 316

live stock container 211

local L/C 193

M

mate's receipt; M/R 230

methyl bromide; MB 293

mildew and mould 247

moisture damage 342

more or less clause; M/L clause 343

multimodal transport 209

N

negative list system 34

negotiating bank 154

negotiation 155

negotiation L/C 147

negotiation reimbursement L/C 147

negotiation remittance L/C 147

notify party 223

O

ocean B/L 222

ocean freight 218

offer 176

offer sheet 180

참고문헌 및 웹사이트

인코텀즈 2020, 대한상공회의소, 2019

UCP600 공식번역 및 해설서, 대한상공회의소, 2007

국제물품매매계약에 관한 유엔협약 해설, 법무부, 2005

한국무역협회 www.kita.net

한국무역보험공사 www.ksure.or.kr

대한상사중재원 www.kcab.or.kr

전략물자관리시스템 www.yestrade.go.kr

관세청 www.customs.go.kr

중앙경제평론사 Joongang Economy Publishing Co.
중앙생활사 | 중앙에듀북스 Joongang Life Publishing Co./Joongang Edubooks Publishing Co.

중앙경제평론사는 오늘보다 나은 내일을 창조한다는 신념 아래 설립된 경제 · 경영서 전문 출판사로서
성공을 꿈꾸는 직장인, 경영인에게 전문지식과 자기계발의 지혜를 주는 책을 발간하고 있습니다.

쉽게 배우는 이기찬 최신 무역실무 〈최신 개정판〉

초판 1쇄 발행 | 2011년 2월 10일
초판 5쇄 발행 | 2014년 9월 15일
개정초판 1쇄 발행 | 2017년 1월 25일
개정초판 4쇄 발행 | 2019년 9월 10일
개정2판 1쇄 발행 | 2020년 1월 13일
개정3판 1쇄 인쇄 | 2021년 1월 5일
개정3판 1쇄 발행 | 2021년 1월 10일

지은이 | 이기찬(KeeChan Lee)
펴낸이 | 최점옥(JeomOg Choi)
펴낸곳 | 중앙경제평론사(Joongang Economy Publishing Co.)

대   표 | 김용주
편   집 | 한옥수 · 백재운
디자인 | 박근영
마케팅 | 김희석
인터넷 | 김회승

출력 | 삼신문화   종이 | 한솔PNS   인쇄 | 삼신문화   제본 | 은정제책사

잘못된 책은 구입한 서점에서 교환해드립니다.
가격은 표지 뒷면에 있습니다.

ISBN 978-89-6054-264-8(03320)

등록 | 1991년 4월 10일 제2-1153호
주소 | ㉾ 04590 서울시 중구 다산로20길 5(신당4동 340-128) 중앙빌딩
전화 | (02)2253-4463(代) 팩스 | (02)2253-7988
홈페이지 | www.japub.co.kr 블로그 | http://blog.naver.com/japub
페이스북 | https://www.facebook.com/japub.co.kr 이메일 | japub@naver.com
♣ 중앙경제평론사는 중앙생활사 · 중앙에듀북스와 자매회사입니다.

도서
주문
www.japub.co.kr
전화주문 : 02) 2253 - 4463

※ 이 도서의 국립중앙도서관 출판시도서목록(CIP)은 서지정보유통지원시스템 홈페이지(http://seoji.nl.go.kr)와
국가자료공동목록시스템(http://www.nl.go.kr/kolisnet)에서 이용하실 수 있습니다.(CIP제어번호: CIP2020051101)

중앙경제평론사에서는 여러분의 소중한 원고를 기다리고 있습니다. 원고 투고는 이메일을 이용해주세요.
최선을 다해 독자들에게 사랑받는 양서로 만들어드리겠습니다. 이메일 | japub@naver.com